雲の上は いつも晴れ

長倉 伯博

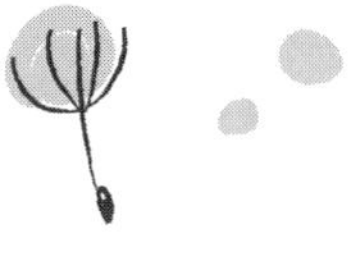

雲の上はいつも晴れ

もくじ

第1章

家族のこと

第1章

家族のこと

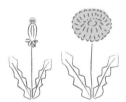

相談 1

孤独死した父、募る後悔の念

病気療養中だった父が、孤独死しました。週末のたびに家に立ち寄り、身の回りの世話をしていましたが、体調の悪化に気付けませんでした。最期を看取(みと)れなかったことに対し、いろいろな思いが頭の中を駆け巡り、今も後悔の念にかられています。

さらに、気持ちが沈みきっていた通夜(つや)の席で、父と不仲だった親戚に「私は彼には嫌な思いしかない。だから変な死に方をしたんだ」と言われました。どのように気持ちを整理していいかわからず、ずっともやもやしています。

(四十代女性)

お父さまが今教えてくれていること

厳しくも切ない思いをされましたね。体調の悪化に気付けなかったという後悔は、人情としてわかります。ただ、娘の前で心配をかけまいと、元気なふりをなさっていたのかもしれませんよ。

まだ、がんの告知を本人にはあまりなされなかった頃、ある父親の葬儀後に発見された手帳に「皆に迷惑をかけないうちにお迎えがくるように」とか「夕日もまた太陽、いざ輝かん」などと記されていました。父親は、知っていたのです。

「こんなことなら、もっと話をしておけばよかった」

と家族は後悔するのですが、知らないふりをした父の優しさと強さを感じることもできたのです。

また、通夜の席での親戚の言葉は、腹いせとしか思えません。もっと言うと、反論できない死者への冒涜ですね。昨今、突然の事故や災害など、理不尽とも思える死の報道があります。被害者は皆、生き方の悪かった人でしょうか。決してそうではありませんよね。

お盆という仏事があります。今年、初盆を迎えた本人は、昨年のお盆はこの世の人でした。残された者が悲しみの中で緩やかに再出発をしてほしいと願い、死者が生者に語りかけていることに耳を傾けたいものです。

あなたもいつかお父さまに再び遇う日が来ます。その時、「一所懸命に生きてきたね、私の命を無駄にしなかったね」と褒めてもらえるよう生き抜くことこそ、お父さまの喜びでしょう。

相談 2

認知症の母にいら立つ父

夫婦二人暮らしの七十代の母に、認知症の症状が出始めました。言われたことをすぐ忘れたり、同じことを何度も聞き直したり。食事などの日常生活には支障は出ていませんが、父はそんな母にイライラして、けんかが増えました。自分の妻が認知症になったという現実を受け止められないようです。娘の私が顔を出すなどして、二人の潤滑油になるよう努めているつもりですが、仕事が忙しく限界があります。これからが不安です。

（五十代女性）

お父さまの悲しみをくんで

少しお年を召されたご両親を見守るご苦労が垣間見えるような気がします。ご相談の内容以上に、いろいろと気疲れなさっているのでしょうね。他人事なら高齢化社会のもたらす当然の事情といえますが、現実の自分の身内のこととなると居直るわけにもいきません。

潤滑油になる努力をなさっていることにも敬意を表します。こんな場合は、あなたご自身が専門的に相談に乗ってくれる医療機関などを訪れて、現状の改善や今後の方向性について助言を受けることが必要でしょう。

その上で、お父さまのお気持ちを考えてみましょう。イライラや怒りが表れていらっしゃいますが、その心の奥には大きな悲しみがあるとは思えませんか。しっかり者のお母さまのお姿を忘れることができないのです。良き老後を夫婦で過ごすはずだったのに、思い通りにならないつらさや苦しさを、今味わっていらっしゃるように思えます。

「お母さんの物忘れがひどくなってつらいよね、私もつらいよ」

とお父さんに寄り添ってみてはいかがでしょう。

無理に夫婦仲を取り持っても、子が親にお説教するようなもので、かえって逆効果になってしまいそうです。自分の気持ちを今一番わかってほしいのは、お父さまの方かもしれません。

ご両親の現在のお姿は、明日の私の姿に思えてなりません。

長生きには喜びと悲しみがある、とは先人の言葉です。

相談 3

悲観的な母に向き合えない

父が亡くなって三年、一人暮らしになった七十四歳の母のもとに、週一回ほど顔を出しています。最近の母は「もしお母さんが死んだら……」「お母さんが認知症になったら……」という話をすることが多くなりました。心配なのはわかりますが、そんな話をすると現実になってしまいそうで、「なんで今なの？　まだ早いでしょう」と返してしまいます。なかなか向き合えずにいます。私にどうしてほしいのでしょうか。

（四十代男性）

悲しみは分かち合って半分に

お母さまは、長く連れ添った夫を見送って三年ですか。鹿児島弁に「徒然ねないもした」という言葉があります。悲しく寂しいのはもちろんですが、何かの折につけ、心にぽっかり穴があいたような切なさを表す古い言葉です。

お寺には、同じように夫を亡くして悲しみに沈んだ方もお参りに来られます。そんな時、

「ご主人のことを思って泣くあなたも、彼から見たらかわいいでしょうけれど、それ以上にきっと、あなたの笑顔が好きだったはずですよ」

と話すと、夢から覚めたような顔をなさる方もいます。

宗派によって違いがありますが、仏教では葬儀の後、七日ごとのお参り、四十九日（中陰）、百か日、初盆、一周忌、そして丸二年で三回忌という法事が勤められます。わずらわしく感じる方もいるとは思いますが、亡くなった方をしのぶためだけではなく、その方がいない人生を緩やかに再出発するための時間なのです。

喪失の痛みが和らぎ、自分の人生を考え始めるために必要な時間の長さには、個人差があるようです。お母さまの言葉の奥に潜む心を大切にしてあげましょう。

そのためには、お母さまの一言一言を否定せず、受け容れることも一つの方法です。その上で、

「お父さんだけでなくお母さんまでいなくなったら、本当に寂しいよ。もう少しこちらにいてよ」

と伝えてみてはいかがでしょう。「うれしいことは二人で分けると倍に、悲しいことは二人で分けると半分になる」とは先人の知恵です。

長倉

相談 4

高齢の母を介護、言葉かけに悩む

高齢の母が骨折し、近くの施設でお世話になっています。目も悪いため、施設のスタッフや私の介助が必要です。口元におかずを運んであげても、「何も見えないよ」と嘆(なげ)く姿を見るのもしのびないものです。そう思ってる半面、時々「今までいろいろ見てきたんだし、耳が聞こえるからいいじゃない」と言ってしまい、そんな自分が情けなくなります。どんな言葉をかけてあげればいいのでしょうか。

（六十代女性）

お互いの大切な時間に

以前はできていたことが、できなくなってしまう。お母さまもおつらいでしょうし、元気な頃を知っているあなた自身も切ないでしょう。

そんな時に、できなくなったことではなく、今できることに焦点を当てた「耳は聞こえている」という言葉がけも、あながち悪いこととは言えません。ただお母さまが、その言葉にうなずいてくださるかが問題ですよね。

酷かもしれませんが、介護する喜びは見いだせないでしょうか。だって、あなたが幼い頃にお母さまがしてくれたことのお返しをさせてくださっているのですから。

「私が赤ん坊の頃、こうして育ててくれたのよね。ありがとう」

という言葉もありますよ。

見えなくなった目だけに注目していると、「かわいそう」となります。一方で、目は見えないけれど、懸命に生きる姿を示してくださっているともいえるのです。

以前、母に「座薬を入れてほしい」と頼まれたことがあります。一瞬たじろいだのですが、ほかに誰もいなかったので、思い切って、

「おならをしたらだめだよ」

と言いながら薬を入れ、その後、お互いに吹き出してしまいました。

その母も三年前、お浄土に還（かえ）りました。良い思い出をプレゼントしてくれたと思っています。

日々の介護は本当に大変でしょう。でも、お母さまとの大切な時間を過ごしているということから出発しましょう。

相談 5

母の言動がきつく、将来の介護が不安

夫の定年に伴い、ふるさとにUターンしてきました。八十歳を過ぎた母は「介護してもらうのは娘が一番。近くに住んでいる息子夫婦もどんなにほっとしたことか」と、周りの誰かれに言ってはばかりません。あてにされている訳ですが、私は、子どもの頃から母の歯に衣着せぬ言動にいつも悩まされ、傷ついてきました。これから介護が必要になった時、心から優しい気持ちで世話ができるのか、接することができるのか……。今、とても心配です。

（六十代女性）

無理に優しくなんて頑張らないで

ふるさとへのとUターン、お疲れさま、お帰りなさいと、まずは申しあげます。定年後をゆっくり過ごそうというお考えも、少しはあったのでしょう。でも、お母さまのことを考えると、新たな悩みが現実になってしまいましたね。

実の娘に介護してもらうのが一番、とは仰せの通りなのでしょうが、あてにされたあなたもご主人も、そして息子さん夫婦も複雑な気持ちにさせるお言葉です。

悪意はないのかもしれませんが、言葉の意味する現実と与える感情は、一致するとは限りません。かと言って、お母さまの口に今さら戸を立てるわけにもいきません。良い悪いは別にして、言動には人生が反映されていますから、そう簡単に変わるものでもないでしょう。

だとすると、無理に優しくなんて頑張らず、あなた方ご夫婦とご兄弟ご夫婦がチームを組んで、愚痴（ぐち）でも言い合いながら「しょうがないね」と笑い飛ばすのも一つの方法でしょう。無責任な答えですが。

人生は、頑張れば思ったようになるという考えと、思い通りにはならないという考えの二通りがあります。前者は思い通りにならないとイライラします。しかし、思い通りにならないと覚悟していたら、もしうまくいった時には、そのことを喜べますよ。

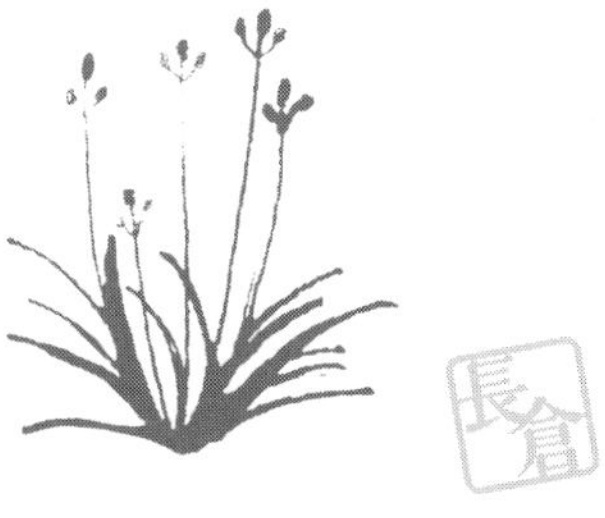

相談 6

父の頑固さにいら立つ私……

八十二歳の父と暮らしていて、ふだんから病院に連れていったり、身の回りの世話をしたりしています。父娘の関係で何でも言い合い、時には口論で声高くなることもあります。

父の機嫌が悪くなったら、私の方ができるだけ穏やかに接しようと、口出しするのを控えています。それでも、父は頑固に言い張って、いら立ってしまいます。こんな時、どうしたらお互いが平穏でいられるでしょうか。

（四十代女性）

宝石箱とごみ箱

お寺で暮らしていますと、お茶をいただきながらいろいろなお話を聞かせていただきます。亡くなった方の思い出話が中心ですが、時折、お舅さんやお姑さんが、お婿さんやお嫁さんへの愚痴をこぼされたり、その逆もあります。こんな時代ですから、介護の苦労話もよく耳にします。でも、大したアドバイスもできていなくとも、帰り際に少し明るくなって、

「ああ、思いっきり話してさっぱりした。もう少し頑張ってみます」

と言ってくださると、私もホッとします。

あなた方お二人の場合は実の父娘ですから、遠慮がないのかもしれませんね。相手への期待と信頼が、なおさらそうさせているように思います。

私はこんな時、「私はごみ箱」とつぶやくことにしています。ごみ箱がないときれいになりません。人の心もそんな気がします。怒りや悲しみや切なさを受け入れてくれるものが必要なのです。

自分のことを宝石箱に例えてもいいのですが、それには弱点があります。宝石箱には宝石しか入りません。それに比べるとごみ箱は何でも来いです。時たま、すてきなものが入るとバンザイ！

ただ困ったことに、私の心のごみ箱は小さくて、すぐにあふれてしまいます。でも、ごみ箱仲間とお互いに心を分け合うと、空っぽになります。そうすると、もう少し頑張れるような気がします。

気のおけない仲間と、愚痴を肴に一杯やるのはいかがでしょうか。

長倉

相談 7

同居の両親との考え方に違い

乳飲み子の息子がいるシングルマザーです。実家で年金暮らしの両親と同居しています。しかし私と両親は考え方が違い、子育てやその他の生活をめぐって、けんかが絶えません。「早く出て行って自立しろ」と怒鳴られますが、経済的に無理です。いずれはフルタイムで働くことを望んでいますが、今は短時間のパートです。子どもはまだ手がかかり、保育園に預けて働くことは考えていません。そこは両親と同じ考えです。毎日けんかもしたくありません。どうしたらいいでしょうか。

（三十代女性）

お孫さんを通して感謝の心も

きっとあなたも感じていらっしゃるように、けんかをしないですむ方法をさがすのは難しいでしょう。考え方の違いという一言では片付けられませんね。

逆に、なぜけんかしてしまうのかは、少しわかるような気がします。あなたとご両親の間には、ご相談の内容以上にもっと複雑な気持ちがあるのでしょう。

ご両親は、私と同じくらいの世代でしょうか。私も若い頃は、甘えるよりも早く自立しろと、親に言われて育ちました。それに多少は反発しても、うなずける部分がありました。そこには独り立ちしてほしい、という愛情を感じていたからです。それに、ご両親はあなたに夢を描いていたのかもしれません。子や孫に囲まれた幸せな老後。現実には、事情はあったのでしょうが、シングルマザーという選択をした娘。さらに孫の面倒などもあり、夢破れてイライラが止まらないのかもしれません。

一方で、厳しい道を選んだあなたは強い心をお持ちですが、子育てやお金などのご苦労も多くあるのでしょう。もっと察してほしいという願いもありますね。でも親子だからこそ、けんかしながらも、一つ屋根の下で暮らせると考えられませんか。

救いは、お子さんのこと。

「おじいちゃんとおばあちゃんがいてくれてよかったね」

と、いつもお子さんに話してみるのはいかがでしょう。子どもは、周囲の大人たちの笑顔によって成長してゆくと思います。

長倉

相談 8

悩みがちな性格で、娘夫婦との同居が不安

娘夫婦が家を建てます。共働きで、幼い一人息子を保育園に預け、頑張って働いています。娘は、私と夫に新居で一緒に暮らし、家事を手伝ってほしいと提案しています。私はうつ病で薬なしでは生活できません。小さいことが気になり、すぐ悩むので、同居してもうまくいかないかもしれない。でも、私たちを必要としている娘の願いを断ると後悔しそう……。そう考えると眠れなくなり、薬の量が増えました。私は、どのように心を切り替えればいいのでしょうか。

（六十代女性）

頑張らず、できる範囲で

ご相談をいただき、真っ先に浮かんだのは、「頑張らない」という言葉でした。

薬の量や、環境の変化にどのように対応するかは専門医に相談してください。

「心が風邪をひいた時は、こじらせる前に薬を使うくらいの気持ちで、気楽に考えてほしい」と友人の医師が話していましたよ。

今時は、親とは別居したいと考える方が少なからずいるのに、同居したいという娘さん夫婦の言葉に感心しました。お孫さんの世話や家事をサポートしてもらえる期待もあるのでしょうが、あなたの気分転換になればという優しさがあるように推察します。

期待に無理に応えようとしないで、できる範囲でいいのでは。調子のいい時、お孫さんにほほ笑みかける、これぐらいから始めてみたらいかがでしょう。おばあちゃんの笑顔はお孫さんにとって、何よりもうれしいものです。

あなたは、皆に迷惑をかけてはいけないと思い込んでいませんか。そのお気持ちは尊いものですが、この世に生まれてきた時から、誰にも迷惑をかけずに生きてきた人なんて、一人もいません。ご主人、娘さん夫婦、お孫さんに甘えましょうよ。

今は小さなお孫さんも、いつか悩み多い思春期を迎えるでしょう。その時、

「おばあちゃんもつらい日があったのよ」

と語るあなたの姿が目に浮かびます。

相談 9

娘が作る料理の味付けが濃すぎる

娘夫婦、孫二人と同居しています。娘が朝夕の食事を作ってくれて助かっているのですが、味付けが非常に濃いのが悩みです。私たち夫婦は薄味好みで、自然に近い調理法だと素材の味がわかるので、その方がおいしいと思います。塩分濃度計を買ってきて話をしてみましたが、聞いてくれません。このまま食べ続けると、高血圧などいろいろな病気になってしまいそうです。娘を説得するよい方法はないでしょうか。

（六十代男性）

作った方の「志」をいただく

娘さんご家族と、毎日食卓を囲んでいらっしゃるのですね。うらやましく思う人も多いでしょう。食事の味付けだけが、不満の種ということですね。

「好み」の違いはけっこう難しいものです。めんつゆや煮物の味にしても、関東・関西などの土地柄や、育った環境でも違ってきます。お店の場合は行かなければすみますが、毎日のこととなるとそうはいきません。こんな時は、一緒にいることを最優先に、誰かが譲ることになるのでしょう。私なぞは自分の口に合わなくても、孫が「おいしいよ」と言うと我慢してしまいます（笑）。

一方、「健康」について。昨今は健康情報があふれ、何が正しいのかよくわかりません。栄養士さんに家族皆で相談し、健康で長生きしようと娘さんを説得するくらいしか、娘さんが納得してくれそうな方策が思い浮かびません。

私たち仏教徒は、食事をいただく際に、

この美しき食を饗く
味の濃淡を問わじ

と唱えてきました。肉や魚だけでなく植物も含めて、多くの「いのち」をいただくという思いからです。

お釈迦さまは最晩年に、キノコ中毒で衰弱したというエピソードがあります。その際、「作ってくれた方を責めてはならぬ。私はごちそうしてくれた方の志をいただいたのだ」と話されたそうです。そこまでのさとりは開けず、愚痴がいっぱいの私は、仏さまにはなれそうもありませんね。あなたも、娘さんの「志」への感謝から話し始めたらいかがでしょうか。

長倉

相談 10

子どもを手放し、後悔の念が募る

若い時、夫のＤＶ（ドメスティック・バイオレンス）に耐えられず離婚しました。こちらが被害者なのに夫に親権を取られ、子どもに会えなくなりました。元夫は新たな家庭を持ちました。亡くなった母は、私が出産すると、仕事をしながら子どもの布おむつを洗ってくれました。懸命に育ててくれた母に比べ、私は子どものそばにいてやれず、母親になりきれていなかったと悔やんでいます。今は、子どもに会いたい、それだけです。どうしたらいいでしょうか。

（五十代女性）

会わずとも、愛の形はいろいろ

つらい過去をお持ちで、その過去の出来事が、現在もあなたを苦しめているのですね。

離婚なさったその時は、それがベターな判断だったのでしょう。お子さんに母と暮らせない寂しさを味わわせてしまったのも事実です。一方で、ご主人に非があったにせよ、仲の悪い両親の姿を見せずにすんだ、とも言えます。

母と子の絆は、いつまでも切れないとお考えだったのでしょう。今になって、捨てる形になってしまったわが子に会って、和解したいという気持ちには同情できます。

でも、お子さん自身の思いはどうでしょう？あなたに会いたいと思ってくれているでしょうか。また、育ててくれた元夫やその妻はどう思われるでしょうか。お子さんが生みの母に会うことを、元のご主人は理解してくれるでしょうか。あなたとお子さんの思いだけはでなく、周囲の方々の思いが複雑に交錯することになりそうです。

年月を経て、皆の思いが穏やかに変わっていたらと願いますが、現実はそう甘くはないかもしれません。

大切なことは、お子さんが誰からも愛されていたと実感することではないでしょうか。

あなたの母親とは愛の形とは違っても、例えば思いをつづった日記を残しておくとか、会わなくてもできることを探しましょう。読んでもらえなくても良いではありませんか。仏さまが見ていてくださいますから。

長倉

相談
11

娘の養母との関係に違和感

私たち夫婦は、たくさんの子宝に恵まれました。しかし、親戚夫婦に子どもがいなかったため、数十年前に娘の一人を養子に出しました。その娘は、私たちが実の両親であることを知っていて、「お父さん」「お母さん」と呼んでくれます。ですが、養母はそれを喜ばないようです。娘に対して私たち夫婦のことを話す時、もう少し配慮があっていいと思うのです。微妙な関係であることは理解しているつもりですが、どう付き合えばいいでしょう。

（七十代女性）

娘さんの思いこそ大切に

生みの親であるあなたのお気持ちも、育ての親のお気持ちもわかるような気がします。養子に出したとはいえ、自分のおなかを痛めて産んだわが子ですから、母親と認めてほしいですよね。一方で、養母さんも頑固になっているのではなく、自分が母親としてしっかり育てるという強い決意が、態度に現れてしまったのかもしれません。

　娘さんは今でもあなたたちご夫婦のことを「お父さん、お母さん」と呼んでくれるのですから、十分におふたりを愛しているように思います。そして、ともに生活し育ててくださった養父母に対してもきっとそうでしょう。

　少し前、養子に出された方の相談を受けたことがあります。実母にも養母にも孝行の限りを尽くした方でした。でも、

「多くの兄弟の中で、なぜ母は私を選んで養子に出したのか」

「私のことが嫌いだったのか」

と悩み続けたというのです。そして、自分が親の立場で自分の子の誰かを養子に出すとしたらどうするか、というところに話が及びました。するとその方は、

「自分が親なら、よそでも生きていける一番大切な子を選ぶ」

と気付いたようです。晴れ晴れとした頬に涙が流れました。

「私は、こよなく愛してくれた二人の母を持つ、ぜいたくな幸せ者だった」

と人生の最期におっしゃったのです。

　生みの親と育ての親がいつも笑顔で見守ってくださり、その思いを大切に感じ取ってくれる娘さんであることを、切に願います。

相談 12

仕事にやりがいがないと悩む息子

足が不自由で知的障害がある息子がいます。最近、働き始めて給料をもらっています。ただ、任される仕事が少なく「やりがいがない。辞めたい」と愚痴る毎日です。人間関係がうまくいかないのも一因のようです。自力で問題を乗り越えてほしいと思い、「もう少し頑張ってみたら」と励ましていますが、悩んでいる様子を見ているとつらくなります。親としてどう対応したらいいのでしょうか。

（四十代女性）

愚痴や不満は頑張っている証拠

一生懸命に仕事を頑張っている息子さんを見守るお母さん。向上心を持ち、もっとやりがいのある仕事をやりたいのに、思うようにならず悩んでいる息子さん。「もう少し頑張れ」と励ますのも一つの方法でしょうが、この言葉は「頑張り方が足りないよ」とも聞こえる時があります。息子さんの愚痴や不満は、頑張っている証拠ともいえるのではないでしょうか。

「つらい中でよく頑張ってるね」

と話しかけてみてはいかがでしょう。

重い病気の子どもを抱えた母親たちにインタビューした本を読んだことがあります。その中で、うれしかった言葉は「十分頑張っているから、頑張れと言わないからね」、悲しく嫌だった言葉は「まだ小さいのにかわいそう」だったと答えていた母親がいました。

「かわいそう」は、一見優しい言葉に感じますが、それは相手のつらいところ、弱いところだけを見ています。この母親は、

「息子は重い病の厳しい治療に耐えながら、懸命に頑張っている。人に自慢できる子です」

と話していました。

職場の人間関係や仕事の内容のことについてですが、これは息子さんのみならずとも、多くの方の悩みかもしれません。ベテランと新人の差、やりたいこととそういう仕事をやれないこととの落差。お母さん自身も味わってきたご自身の人生の苦労を話す良い機会かもしれません。

お二人を温かく見守る人は、必ずいますよ。

相談 13

心疲れた息子をどうすれば

三十代の長男は、大学院を卒業後、県外で就職して九年。今年四月に会社を無断欠勤して、会社の方がアパートを訪れると、うつになっていました。残業、残業で疲れてしまったようです。今は病院に通い、会社は休んでいます。ただ会社を辞めようとは思っていないようです。田舎に帰り仕事を探した方がいいのでしょうか。まじめすぎてどうすればいいのか悩んでいます。本人は、「人に会いたくない」とも言っています。大人になりきれていないのでしょうか。育て方が悪かったでしょうか。

（六十代女性）

いま必要なのは温もり

遠くに暮らす息子さんのことを思い、心配なさっているあなたの顔が浮かんできます。何があったのでしょう。残業で、体は疲れ果て、職場での自分の役割や人間関係で、心も病んでしまったのかもしれませんね。何とかしなくてはと焦り、身動きが取れず立ちすくんでいる状態だと想像します。

ご本人も、このままでいいとは考えていないでしょう。かえって自分自身を責めていると思います。心配しているあなたの気持ちも十分に察しているので、ますます落ち込んでしまうのかもしれません。今は、身と心を少し休めていると考えてみてはいかがですか。言葉にならない息子さんの優しさとまじめさを、あなたはよくご存じだと思います。

専門の病院には出かけているようですし、今のところ、会社も理解があるようですね。こんな時、親として愛するわが子に何をしてやれるのか、難しい問題です。

私なりのあなたへの思いを少し言葉にしてみました。

「悲しくて切なくて、凍りついてしまった心に、いくら力を加えても、砕け散った氷ができるだけ。凍りついた心を溶かすのは、温もりだ。温もりが伝わって、心の氷が溶け始める。そして、ほほ笑みが生まれる」

あなたの温もりのあるまなざしの中で、彼がこの人生の危機を乗り越えた時、もうひとつ大きな人間として成長していることを、あなたとともに信じたいと思います。

相談14

結婚話に反対し、娘と話せない

二十代後半の娘がいます。娘の結婚話に反対したのをきっかけに、娘とうまくコミュニケーションが取れなくなりました。家の中でも会話しようとせず、笑うことすらなくなりました。もう一年以上たちます。

本人も気持ちの整理がつかないのかもしれません。相手との付き合いがまだ続いているのかもはっきりとわかりません。蒸し返すようで、話をするのが怖いです。どうしたらいいものでしょうか。

（五十代女性）

子の人生を支えるのが親の役目

子どもの幸せを願わない親はいません。結婚に反対なさったのは、それなりの事情がおありだったのでしょう。親の心が通じず、もどかしい状態が続いているのですね。

娘さんの気持ちも考えてみましょう。あなたの言うことは、ある程度わかっているのでしょう。「ある程度」というのは、別の思いもたぶんあるだろうということです。

娘さんは、決して軽い気持ちで結婚しようと思ったのではないはずです。大好きな人と添い遂げられないショックは大きいものです。心理学的にも、大切な人を亡くした心の痛みと同じくらいと聞いたことがあります。確かに、夫や妻を亡くしてすぐには立ち直れませんよね。

あなたの気持ちも理解しつつ、別れのつらさで揺れていて、言葉にならないのだと思います。心の整理をつけるのは、本当に難しいことなのです。

結婚は将来まで影響しますから、複雑です。「親の言うとおりにしてよかった」と振り返るかもしれないし、「逆らっておけばよかった」と後悔するかもしれません。これは誰にもわかりません。

娘さんにとって大切なのは、親に言われたからではなく、自分の人生を自分で決断する強さを持つことです。親の立場としては少し切ないですが、賛成・反対よりも、娘さんを愛する気持ちを伝えるため、恐れず会話していただきたいと思います。だって、親はいつまでも一緒にいられるわけではありませんから。

今しかないのですよ。

長倉

相談 15

お嫁さんの親族との付き合い方

息子が結婚して八年が過ぎましたが、結婚式以来、お嫁さんの親族との付き合いがまったくありません。数年前にあちら側に不幸があり供物を届けましたが、その後の連絡はなく、無視された思いです。現在も普段はもちろん、年賀のご挨拶すらありません。私は親族が少ないので、寂しい思いをしています。お嫁さんの両親は離婚していて、どちらにどう接するべきかも悩みの種です。

（六十代女性）

お嫁さんの気持ちになって

縁あって結ばれた息子さん夫婦ですから、お嫁さんのご親族ともご縁を結びたいのに、期待に応えてもらえないのですね。この頃は、結婚は本人同士の問題で周囲は関係ないという風潮もありますが、多くの新たな出会いを生むという面もありますから、あなたの思いもよくわかります。

「挨拶の一言くらい常識じゃないか」という気持ちをここは少し抑えて、お嫁さんの気持ちを考えてみませんか。

大切な息子さんが選んだお嫁さん、義理とはいえあなたの娘さんになってくれたとも言えます。あなたの娘さんがどなたかに嫁いで、実家のことでつらい思いをしていると想像してください。

また、ご両親の離婚について。どのような事情があったにせよ、お嫁さんはさぞつらかったことでしょう。娘さんは元気に暮らしているよと伝えるために、あなたからは両方に年賀の挨拶をしておいたらよいのではと思います。

大乗仏教（だいじょうぶっきょう）では、仏さまになるための修行をしている人を菩薩（ぼさつ）といいます。菩薩は、自分自身はもちろん、他の方も穏やかになれるよう精進（しょうじん）します。その際、相手にどれほど尽くしたとしても、物どころか言葉の見返りも求めてはなりません。そういう厳しさが、相手への優しさになるのです。

いつの日かお嫁さんが、あなたのことを心から「お母さん」と呼んでくれることを楽しみに待ちましょう。

相談 16

ドライな嫁に不快感

県外に住む息子夫婦は、正月や盆に帰省してきます。嫁はかびくさいからと自分の布団を持ち込み、一番風呂に入ります。戻る時は空港まで見送りますが、「無事に帰り着いた」との連絡はありません。旬のものを贈っても、お礼はありません。大晦日(おおみそか)は息子だけ帰省し、嫁は自分の実家へ。いつも不愉快な思いをしています。そんな嫁とどう付き合っていけばいいのでしょうか。

（八十代男性）

「恩返し」よりも「恩送り」

今風のドライなお嫁さんについてのご相談ですね。お布団やお風呂は、それぞれの感性の違いですから、なんとも申しあげようもありません。無事の連絡や贈り物のお礼がないのも、彼女の甘えかもしれません。また、息子さん夫婦と一緒に新年を迎えたいという、あなたの温かいお気持ちもわかるような気がします。

ただ、お嫁さんの実家のご両親は健在でしょうか。だとすると、あなたが息子さん夫婦と新年を迎えたいとお考えのように、彼女も年老いた両親と過ごしたいと思っているかもしれません。すでに、「もらった嫁」という時代ではなくなったのでしょう。

私の妻は遠くから嫁いできています。でも、お盆も正月も実家に帰ったことがありません。妻の母親からは「近所の方の娘さんは帰ってくるのに……」と、よく愚痴られました。ですが、お寺には盆も正月も、休みはないのです。その義母の初盆にさえ帰れませんでした。「すみません」と謝りましたが、それぞれの夫婦の形があると思って、受け入れてもらうしかありませんでした。

昔の日本人は「恩返し」だけでなく、「恩送り」も大事だと考えていました。

「人に親切にしても、それを返してもらわなくてもいい。もし、恩を感じてくれるなら、その分他の人に親切にしてほしい」

という考え方です。そうすると、恩は次から次へと広がっていきます。

恩送りの気持ちを持って、息子さん夫婦が仲良く暮らしてくれることを喜びましょうよ。

長倉

相談
17

義理の両親との付き合いに悩み

夫の両親とは、人並みに付き合いをしているつもりです。もっと気軽に付き合いたいと思いますが、年代や習慣の違いなのか、考えや価値観が合いません。一緒にいても、自分だけ疎外感を感じています。夫のため、子どものためを思えば、もっと義父母と関わる時間を増やした方がいいのかと迷います。しかし距離が近くなればなるほど、相手と折り合う難しさや、自分の気持ちをうまく伝えきれなかったり、消化できないつらさを痛感します。理想の付き合い方がわからなくなりました。

（三十代女性）

視点を変えてみませんか

夫の両親との理想の付き合い方のご相談ですね。あなたが一所懸命に努力し悩んでいることは、十分に想像できます。一番簡単な解決方法は、我慢して、あとで気心の知れた友達と愚痴をこぼし合うなど、ストレスを別の形で発散するなどの方法もあります。でも、あなたの悩みはそういうことでは解決しないようですね。

私のある友人は、

「結婚してしばらくは、親から見てもいい息子、妻から見たらいい夫であろうと努力したが、板挟みでだめだった。たどり着いたところは、結局、俺一人が悪者になればいいんだよ」

と話していました。夫の親が、

「あんな息子であなたも苦労するね。私たちの育て方が悪かったのかしら。我慢してね」

すると妻も、

「確かに困ったものですが、良いところもあるんですよ」

と今は話しているそうです。この話にはヒントが隠されています。

嫁と舅、姑がお互いに真正面から向き合うと、やはりギクシャクしてしまいます。しかし双方が視点を変えることで、関係が変化することもあります。あなたの場合だと、お子さんを話題にするのはいかがでしょうか。それでも子育ての価値観の違いは出てくるでしょう。その時は「ありがとうございます。参考にします」と話してみるのです。

夫婦でも、恋人同士の時と結婚してからでは、違いが気になることもありますが、ともに将来を見据えて、すり合わせしていくのではないでしょうか。

長倉

相談 18

夫婦二人きりの生活が不安

四月から息子が進学し、寮生活に入ります。そうすると、わが家は夫婦二人と犬一匹の生活になります。これまで、夫婦の会話はほとんどなく、あってもついイライラして当たったり、けんか口調になったりする始末。それでも息子がいてくれたので、二人の間をクッションのように取り持ち、夫婦の調和が保たれていました。夫の趣味は釣りですが、一緒に行ったこともありません。こんな冷たい夫婦関係のまま、息子がいなくなったら……。どうしたらいいですか。

（五十代女性）

巣立っても「子はかすがい」

「子はかすがい」という言葉がありますね。

ご主人とあなたにとって、良きつなぎ手の役目を果たしてくれていた感心な息子さん。彼の成長はきっとうれしいことなのでしょうが、今度は「かすがい」がいなくなって、夫婦だけで過ごすことへの不安というところでしょうか。

新婚以来の二人きり。確かに若い頃とは違います。子どもたちの巣立ちの季節を迎える頃、同じ思いをなさる方々も多くいることでしょう。

ところで、最愛の息子さんはお二人をどんなふうに見ているのでしょうね。少し心配していないでしょうか。親が子どもを見ているように、実は子どもの方も、親を気にしてくれていませんか。安心を与えるのも、親の仕事のような気がします。

お二人が心のふるさとになる時、きっとお子さんの生きてゆく力になるでしょう。

お子さんの暮らしぶりについて、ご主人と会話することはできそうですよ。形を変えた「かすがい」ですね。あなたも弁当でも作って釣りに同行するもよし、別の趣味を持つこともよし。そんな生き生きした両親を見るのは、お子さんにとってもうれしいことでしょう。

今、あなたは懸命になって働かなければならなかった季節に少しずつ別れを告げ、ご自身の人生において、一番輝く季節を迎えようとしているのですよ。勇気を出して、一歩踏み出してみませんか。

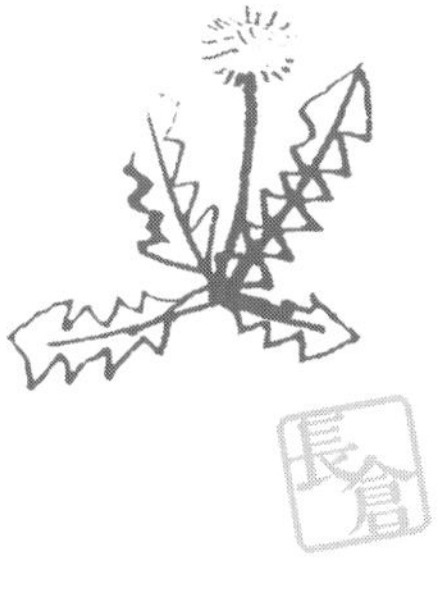

相談19

すぐ怒鳴る夫、みっともない

夫と私は、それぞれ自営業を営んでいます。私は夫の仕事の経理も担当していますが、夫は家事も子育ても全く手伝ってくれません。夫は仕事のストレスもあるとは思うのですが、自分の機嫌で子どもたちに怒鳴り散らしたり、いろいろ話し合いをしたくてもすぐ怒り出したりします。怖いし、みっともないし、子どもたちもおびえてしまってかわいそうです。最近は離婚した方がいいのでは、と思うほどです。何かいい対処方法はないでしょうか？

（四十代女性）

不満より仕事の喜びを先に

ご夫婦お二人とも厳しい仕事で、だいぶ疲れておいでのようですね。同じ仕事を分かち合っておられるなら達成感も共有できますが、全く別となると仕事のプロセスだけでなく、生活のリズムも違ってくるのでしょう。

その上、家事一切とご主人の経理まで手伝っているのですから、あなたにも言いたいことがいっぱいおありでしょう。答えを考えながら、ひょっとしてわが妻も同じ悩みを持っているのでは、と少し不安になりました。

お寺も年中無休なので、二人で旅に出るような余裕もありませんし、私も留守がちで、お寺のことも家のことも妻に任せっきりです。この時代、同じ悩みをお持ちの方も多いと思います。

「譲り合って」などとあなたにお説教する気には、とてもなれません。

私が心がけているのは、不満やつらいことより仕事の喜びや感動を先に伝えることです。聞いてほしい愚痴は我慢して、後で語ると耳を傾けてもらえるようですよ。「大変だけどもう少しやってみるか」となれば幸いです。私もつらい話を先にされると、聞きたくなくなってしまいそうです。

お子さまのことですが、たとえ両親が離婚してもお父さんとお母さんが大好きですし、そうありたいのです。

「お父さんたら家ではあんなだけど、外ではいい人やってんだから。困ったもんよね」

とでも弁解していただきたいというのは、男の身勝手でしょうか。

相談
20

新婚当時の自分はどこへ

妻と結婚して五年、子どもが一人います。「家事を手伝わないと」と思っているのですが、その気になれません。新婚の頃は、せっせと掃除や洗濯、料理をする自分がいました。理由は彼女の喜ぶ顔が見たいからでした。認めたくはないのですが、最近モチベーションが下がってきています。妻は日頃は何も言いません。でも、ちょっとしたけんかの時、「家事を手伝ってくれる人だと思っていた」とチクリときます。どうしたら楽しみながらできるようになるでしょうか。

（三十代男性）

「夫婦の切符」を日々大切に

新婚の頃は、互いのことだけを見つめ合っていればよかったのに、それに少し慣れてしまった二人。人生の先輩方の誰もが経験していることのように感じます。私自身を振り返ると、モチベーションというより、夫婦以外のことも考えることが多くなっていたと思います。

五年の間に、あなたは職場での責任が増し、何かと気を配ることも多くなっているでしょう。奥さまもお子さまが誕生し、二人きりの時よりしなければならないことが増えたことでしょう。その分、お互いのことに費やせる時間が減ったとも言えます。

将来の夢を語り合ったり、月に一度ぐらい「○○記念日」を作ったりしてはいかがですか。無理のない程度の協力で、お互いの新たな魅力を発見できるかもしれません。

数年前、広島での講演終了後、控室を訪ねてくださった五十代のご夫婦から、短歌の短冊をいただきました。それには、こうありました。

　どこまでも行ける切符の筈だった
　　病に色褪せし夫婦の切符

ご主人は闘病中です。最近は黙って見つめ合うことが多くなったと、少し照れながら話されました。

「妻の目をいつまで見ることができるのだろう、毎日が大切です」

傍らで奥さまがうなずきながら、涙を拭いておられました。

必ず訪れる別れの時、共に過ごした人生をどのように振り返るかは、重い課題です。厳しいかもしれませんが、この歌を、あなた方お二人へのプレゼントと思っていただけませんか。

相談 21

怠ける妻に嫌気、私は器が小さい？

専業主婦の妻は「朝が弱いから」と、子どもの登校直前にしか起きません。家族の朝食や弁当は私が作ります。私が帰宅する頃に家事を始めますが、家族に手伝わせます。日中何をしているのか尋ねると怒り出します。家計が苦しいのに働こうとせず、「録画した番組がたまって困っちゃう」と平気な顔。嫌気が差し、子どもが社会人になったら離婚しようと考えています。私は器が小さいのでしょうか？

（四十代男性）

夫婦のことは「怒るよっか笑え」

朝の家事を済ませて仕事に出かけ、疲れて帰ってきても夕食もできていない。愚痴を言うと奥さんは逆切れですか。いやはや申しあげる言葉もありません。

お寺の集まりに来てくれたご婦人方に話してみたら、口をそろえて、

「うちの旦那に爪のあかを飲ませてやりたい」

思わず笑ってしまいました。お宅と逆パターンですね。「ご結婚の時はどんな思いだったのか」「夫婦でどんな会話をしているの？」「お子さんは両親をどんな風に見ているのだろう」という声もありました。

さらに男性たちに話を向けると、「外で疲れているから家ではゆっくりさせて」「うちはかみさんが病気でね、家事も何もできないんだよ……」「男女共同参画は難しい」など、仏さまの前ですから、本音の愚痴も出ました。

でも、あなたのことを器が小さいという方はいませんでしたよ。どうぞ、ご安心ください。話の落ち着く先は、「けんかや言い争いをしても、夫婦の形はそれぞれだから人のことはとやかく言えない、でも笑顔は欲しいね」でしたよ。

あなたが夢見た家庭生活ではないと、十分伝わってきます。離婚を考えるほど切羽詰まっていることも、想像に難くありません。ここはいっそ開き直って、仕事のつらさだけでなく楽しさを伝え、少し我慢して、奥さんの録画した番組の面白さを聞いてみては？　お子さんのためにもどうせなら、「泣こよっか　ひっ飛べ（怖がって泣くよりも飛んでしまえ）」をもじって「腹かくよっか　笑え」路線ではいかがでしょう。

長倉

相談
22

見通せない将来、共働きでも不安

夫は介護福祉士で、福祉施設で働いています。ローテーションで週二日は休めますが、勤務は不規則です。認知症の人の世話など仕事は大変そうですが、やりがいがあってとても充実しているようです。ただ、その割に収入が少ないので、パートで働く自分の分を合わせても、子どもを産み、家を建てるなど、将来の計画を安心して立てられないのが現状です。私が毎日働くこともできますが、夫と話したり、出かけたりする時間が少なくなるのも心配です。

（四十代女性）

目標を立て、焦らず一歩一歩

ご主人への深い理解と愛情を感じます。介護のお仕事は、決して楽しいことばかりではないでしょうに、生き生きとしている姿を温かく見守るあなたを想像しました。

とはいえ、収入の面や人生設計を考えると不安も募る、このことは超高齢社会の政策課題だと、多くの識者が指摘しています。これから先、少しは改善されるかもしれませんが、今は現在の条件で考えざるを得ません。ただ、「生きいきできる仕事」に巡り合うこともなかなかありませんね。

たいした助言もできませんが、十年先の目標設定をしてみてはいかがでしょうか。焦らず一歩一歩ゆっくり進むのです。実は私も、三十代半ばで目標を立てました。実現できたかなと少し思えたのは、その二十年後でしたが……。それでも近づいていく楽しみはありましたよ。

それと、夫婦の時間が取れなくなることが心配ですよね。確かに一緒に過ごす方がいいのでしょうが、不可能なら別の手段を考えてみませんか。

私が若い頃に愛読したある作家は、取材の旅先からはがきを日に何通も、妻宛てに出したそうです。「今、列車で移動中。窓から紅葉が見えた。秋も深いね」とか「今、○○ホテルに着いた」とか。それだけですが、無事と愛情を確認できます。

今はメールという方法もありますよ。互いの存在を確かめ合う工夫を、少しだけしてみませんか。二人の人生に乾杯！

相談
23

母の在宅介護に奮闘する妹が心配

九十歳近い母は離島に住んでいて、デイサービスを利用しつつ妹が自宅で介護しています。母は若い頃から心臓に持病があり、最近は入退院を繰り返しています。妹は「できるだけ自宅で過ごさせてあげたい」と考えているようですが、妹も家族がある上に自分の体の調子も良くなく、ギリギリの状態です。私も仕事があり、離島なので行き来しながら手伝うこともままなりません。離れて暮らす私にできることはないでしょうか。

（五十代女性）

妹さんの覚悟を支えてあげて

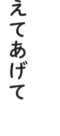

お母さまのそばでお世話をしている妹さんは、ご自身の不調もある中で、実際の介護のご苦労がおありでしょう。遠くにお住まいのあなたは離れている分、心配や気苦労でもどかしい思いをされていますね。

　確かに、おっしゃるようにあなた自身がお母さまにしてあげられることは少ないでしょう。電話やお手紙、あるいは好物を送るぐらいしか私も思いつきません。

　ただ、遠くからでも「いつも思っているよ」と感じてもらうために、心を砕きましょう。

　病院やデイサービスを利用されているとのこと、実際の介護は専門家に相談することが一番です。事情を理解してくれる、心温かい専門家がいるはずです。疲れた時には、ショートステイの制度を活用することもできます。

　もう一つ、もっと大切なことは、妹さんのことです。「在宅で介護しよう」というお気持ちには敬意を表します。現在、行政も在宅ケアを勧めてはいます。しかしそれぞれに事情があって、実現するにはそれなりの覚悟が必要です。

　今あなたにできることは、毎日お母さんのお世話をしている妹さんを、物心両面から支えることです。そして、その妹さんのご家族を支えましょう。

　だって、娘たちが仲良く見守ってくれることこそ、お母さまの願いではないでしょうか。

相談 24

同居の両親に甘える弟夫婦

三歳下の弟は、五年前に結婚して東京からUターンし、両親の援助を受けて商売を始めました。「軌道に乗るまで」と実家で両親と同居することになったのですが、生活は全く別々。食事を一緒に取ったりとか、家事を手伝ったりとかはないようです。生活費を入れることもなく、逆に光熱費などは親が払っている始末。最近では親もキレて「出ていきなさい」と言っているようです。年金暮らしの両親に甘える弟夫婦。何とか自立して、両親を安心させてほしいのですが……。

（四十代女性）

家族愛と譲り合いの両立を

ふと、名奉行大岡裁きの「三方一両損」を思い出しました。

　三両入った財布を拾ったAさんが落としたBさんに返しに行くと、「財布は受け取るが、中身のお金は落とした時点で自分のものではない」と拒否。Aさんも、「お金欲しさに返しにきたのではない」と受け取らず、この争いが奉行所に持ち込まれます。そこで大岡越前守は、自分の財布から一両出します。合わせて四両になったお金を、三両手に入るはずの二人に、一両損の二両ずつ渡します。大岡越前守も一両損なので、皆一両損。善意の人同士の争いがめでたく収まりました、という人情味あふれるお裁きでした。

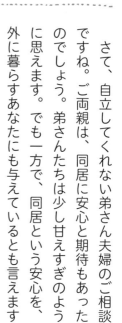

　さて、自立してくれない弟さん夫婦のご相談ですね。ご両親は、同居に安心と期待もあったのでしょう。弟さんたちは少し甘えすぎのように思えます。でも一方で、同居という安心を、外に暮らすあなたにも与えているとも言えますね。
　ここはひとつ、家族愛と譲り合いを両立させてみませんか。お互いを大切に思い合っていることを伝えた上で、あらためてルール作りをしてみてはいかがでしょうか。温もりがあってこそ、人は自立していくのです。
　大木にまつわる宿り木は、宿主に全面的に寄生しているように見えますが、生態系の中で大切な役目があることはご存じでしょう。家族にはそれぞれの形があります。あなた方はこれから、どんなすてきな家族になっていくのでしょうか。楽しみです。

相談 25

私に厳しく、弟には甘い母

高齢の母は、私にはとても厳しく接するのに、弟のことは溺愛しています。私に対して「長女だから、何でもできて当たり前」と考えているようで、子どもの頃からほめられたことがありません。私の子どもに対しても同様の態度です。

一方で弟の子どもや嫁にも甘く、態度が悪くても何の注意もしません。法事などで顔を合わせると、嫌な気分になってしまいます。この気持ちをどうすればいいのでしょうか。

（五十代女性）

あなたを見守る家族を忘れずに

たいへんご苦労をされてきたあなたの心は、どうしたら癒やされるのでしょうか。

お母さまが「あんたにばかり苦労をかけてすまなかったね」と言ってくれたら納得されますか。弟さん一家にも、あなたに対するように厳しく接すれば満足できるのでしょうか。でも、そうはいきませんよね。

安っぽいテレビドラマであれば、母親が人生の最期に「ありがとう」とお礼を述べて涙の大団円となるのですが、現実はそんなに甘いものではなさそうです。

ここで、別の角度から考えてみましょう。厳しく育てられたあなたは、何事につけてもしっかり者に育ったように思われます。ご家族だけでなく、周囲の方からも、そう思われているのではないでしょうか。ほめてくれることはなかったお母さまですが、厳しく育ててくれた成果が、今のあなたであるとも思えます。

お寺で暮らしていると、実の親だけでなく、姑さんとの苦労話もしばしば耳にします。そんな時は、腹が立っても「私はあんな風にはならないぞ」と反面教師にして耐えるのだそうです。

ただ、そう言っていた方が、

「自分が親や姑の立場になったら、同じことをやってしまった」

と笑っていました。

人生は思い通りにはならないよ、とはお釈迦さまの言葉です。

頑張っているあなたの姿を、ご主人やお子さんが見守っていることをお忘れなく。

長倉

相談 26

わが家の墓をどうすれば

最近、お墓についていろいろな広告を目にします。わが家は神道というか無宗教に近く、父方のお墓は他の兄弟が相続しているので、墓はありません。父は昔から死への恐怖があるのか、「俺は死なない」としか言わず、本人の意思確認ができません。母は「空や海にまいてほしい。でも、生きている人の好きなようにすればよい」と言っています。親戚は遠方で、全く付き合いがありません。誰にどのタイミングで相談して決めるのがよいのでしょうか。

（四十代女性）

お墓は人生を考える機会

「俺は死なない」というお父さま、どんな場面でおっしゃったのでしょう。まだまだ頑張るぞという強い心と、今はそんなことは考えたくない、という気持ちもうかがえます。また、思い出の場所に散骨をご希望のお母さま。後に残る人たちの好きにしていいよ、という母親らしい思いやりも感じます。

夫婦でさえこんなに考えが分かれるのですから、本当に人それぞれの思いがあります。周囲に迷惑さえかけなければ、いろいろな形で良いのです。

最近は、終活などという言葉もよく耳にします。身辺整理を生前にしておくことは必要なことなのかもしれませんね。中でもお墓のことは亡くなった後のことですから、今のうちにご両親の意思を聞いておきたいというお考えは理解できます。

この問題を難しくしているのは、死を前提にした話し合いになってしまうことなのです。だから、

「二人が死んだ後、お墓はどうすればいいの」

と問うのではなく、自分のこととして話し始めるしかないように思います。

「そんなの嫌だけど、私が先に逝くことになったらこうしてね」

と話してみるのです。

こうしなければ罰があたるなどということではなく、人には必ず死が訪れることを前提に、限られたいのちをどう生きるかを考えることが大切なのです。お墓のことは人生を見つめ直すチャンスなのです。タイミングはお元気なうちに、と申しあげておきましょう。

相談
27

仏式か神式か、母の葬儀を悩む

九十代の母の葬儀をどうすべきか悩んでいます。まだ元気なのですが、いずれはその日がくると思います。わが家は代々神道で、父が亡くなった時も神式で葬儀を行いました。ただ、母は熱心な仏教徒です。母の思いをくむなら仏式にすべきだろうと思っています。神式で葬儀をすると、成仏できないのではという心配もあります。でも、子どもたちは神道であることを知っていますので、混乱してしまうのも困ります。（六十代男性）

宗教観を見つめ直す機会に

　海外では、同じ信仰を持つ者同士しか結婚を許さないという国もあり、どちらかが改宗を迫られるそうです。その点、日本は割と緩やかなのかもしれません。ただ、いざという時はあなたのように悩んでしまう方も多いようですね。

　さて、葬儀は何のためにするのでしょうか。大切な方との別れを通して、自分のいのちを見つめる機会だと、私自身は考えています。お互いが限りあるいのちを生きていることを、亡くなった方から教えていただくのです。

　私の知人に、ご主人は毎週日曜日に教会のミサに通う熱心なクリスチャン、奥さまは熱心な仏教徒というご夫婦がいらっしゃいました。愛し合い、尊敬し合い、そしてお互いが相手の信仰も大切にしておられました。

　ご主人が亡くなられた時、私は教会に僧侶姿で参列し、喜んでいただきました。奥さまの時は仏式でなさるでしょう。宗教とは、自分の生き方を根底から支えてくれるもの。この機会に、ご自分の宗教観を考えてみてはいかがでしょうか。

　お盆という仏教行事があります。インドに"ウランバナ"という言葉があり、中国で盂蘭盆と漢字が当てられて、日本ではお盆というようになりました。意味は倒懸苦〈逆さにつるされた苦しみ〉。しなくてよいことをし、しなければならないことをせず、われとわが身を苦しめている姿を表現しています。

　そんな自分を、先に往かれた方の前で反省する、お盆とは、そして仏事とは、本来そういう機会なのです。

長倉

相談
28

宗教の違う父母、別々のお墓に？

昨年、父が急逝しました。私と父はあまり宗教を意識したことはない方でしたが、父の実家は代々地元のお寺の檀家(だんか)だったので、仏式で葬儀を行い、寺のお墓に埋葬しました。その後、初盆なども親族一同で、きちんと行っています。しかし、敬虔(けいけん)なクリスチャンである母は、口にこそ出しませんが、きちんと父を弔(とむら)った実感を抱けていないようです。このままではお墓も別々になりそうです。どうすれば、母の気持ちは落ち着くのでしょうか。

（四十代男性）

本来の宗教は心を柔らかくする

ご両親に信仰の違いがあっても、あなたは同じお墓に入ってほしいと願っておられるのでしょうか。お墓のことだけでなく、異なる宗教に入信している家族の葬儀で悩む人もいます。

実は、少なくない方から似たような相談を受けます。この問題の根っこには、宗教についての考え方、感じ方の違いがあるように思います。

宗教を「濃い宗教〈心〉」と「薄い宗教〈心〉」に分類した人がいます。

「濃い」方は誕生から葬儀までの人生の節目の行事のすべてを、その宗教が示す形で行います。「薄い」方は、例えば年末年始に典型的に現れます。イエスさまの誕生を祝う行事であるクリスマスを楽しみ、仏教の行事である除夜（じょや）の鐘（かね）を聞く。そして、正月は幸せを願って神社への初詣（はつもうで）に行く。本来は宗教行事なのに、季節の行事になっています。

お母さまは濃い方、あなたはどちらかといえば薄い方でしょうか。私自身は濃い方ですが、ほかの信仰を持つ尊敬できる友人もいます。夫はクリスチャンで、妻は熱心な仏教徒という知人もいますが、とても仲のいい夫婦です。本来の宗教は、人生を支え、心を柔らかくしてくれるはずのものですよ。

お墓のことも大切ですが、なぜお母さまが教会を選びたいのか、もっと話し合ってください。一緒に教会へ足を運んでみるのもいいでしょう。仏教のことなら、身近な僧侶にも尋ねてみてください。

きっと、新たな道が開けるでしょう。

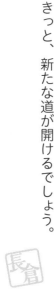

長倉

相談
29

死への備えについて話し合いたい

先日、母を亡くしました。元気だったのですが、急に体調が悪化しました。高齢だったので覚悟はしていましたが、準備らしい準備もしていなかったので、葬儀は業者任せになりました。母は華美で格式張ったものを嫌っていたので、本人が望むような葬儀ではなかったのではないかと思うと残念です。父も高齢なので、失敗を繰り返さないように備えるべきですが、生きている間に本人と葬儀について相談することもはばかられます。いい方法はないものでしょうか。

（五十代女性）

エンディングノートの活用を

嫌だけど、いつかは必ず迎えなければならない別れに備えたいということですね。

確かに、葬儀の話は死を前提としますから、話しにくい気持ちもお察しします。一方で亡くなられた後、いろいろなことで困ったという話も、よく耳にします。後になって本人の意思を聞いておけばよかったと後悔する方も多くいます。

家族に伝えたいことを書き残す「エンディングノートの活用も、一つの方法でしょう。市販されているものもありますし、例えば、私の地元の鹿児島県では、医師会が発行している『マイライフ・ノート』というものもあります。本によって多少の違いはありますが、中身は葬儀のことだけでなく、自分や家族の生い立ちや思い出、医療・介護についての希望、メッセージなども記入するようになっています。もちろん何度書き直しても構いません。

ただ、お父さまだけが書くのではなく、家族皆で話しながら、一緒に書いてほしいのです。差し迫った状況になる前なら、さほど深刻にならずにすむと思います。

人は皆、限られた命を生きています。そのことを思う時、お互いの生死（しょうじ）の意味を考えることになります。お母さまが、それを身をもって教えてくださったのではないでしょうか。

最後にひと言。人は決して死んだら終わりではありません。お母さまも仏さまとなって、皆さんを見守ってくださっていることをお忘れなく。

長倉

第2章

友人・知人のこと

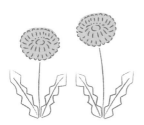

相談30

結婚の二文字、口にしてくれないが……

一歳年下の彼と付き合って一年になります。ガツガツすると男の人は引いてしまうのではないかと思って、結婚の二文字は口にしないようにしてきました。一方で「結婚しよう」と言ってほしい自分がいて、最近イライラしっぱなしです。彼は友達には私のことをほめてくれているようで、愛されているとは思うのですが、押さずに待ちの姿勢でいいのかどうか。実は最近、彼に内緒で婚活を始めました。心が混乱してきています。どうしたらいいでしょうか。

（三十代女性）

二人で旅に出てみませんか

恋に落ちるのは、割合に簡単な気がします。でも、ある程度年を重ねると世間が見えてきますし、考えることも多くなりますね。しつこいと嫌われそうだし、プロポーズの言葉を待ちくたびれてしまったのですね。

よく言われることですが、結婚はゴールではなく新たな人生の出発です。お互いが自分と相手の人生両方に責任を持つことになります。それは煩わしいから、恋はするが「おひとりさま」で、という人もいます。

二十代の頃、ツツジの花の季節、京都のとあるお寺の庭を夫婦で訪れた折に、一緒になった老夫婦から写真を頼まれたことがあります。奥さまの背中は、ほぼ直角に曲がっていました。でも、撮影の時は杖を置き、精いっぱい背すじを伸ばされました。

「あなたたちはまだお若い。これからですね。私たちもいろいろありましたよ」

とほほ笑みながら、私たちに話してくれました。

ご主人が奥さまを気遣いながら、坂道を下っていきました。お二人の後ろ姿を見送りながら、どんな人生を歩んでこられたのだろうと思い、将来のことを少し悩んでいた私たちは、胸を熱くしたことを覚えています。

二人で旅に出てみるのはいかがでしょう。きれいな景色でも眺めて、これからのことを柔らかく率直に話してみては。だって内緒で婚活する勇気があるのですから。愛する人と直接向かい合うこともできそうですよ。

相談 31

人が怖くて仕事が続かない

仕事が長続きしません。職場の人が自分をどう思っているか気になり、不安で怖くなってしまうのです。子どもの頃、いじめを受けたことがあり、人が怖くなりました。気持ちを切り替えようとしたり、友人からアドバイスをもらったりします。職場で優しくしてくれる人もいます。それでもだめです。最近は不安や怖さの度合いがひどくなってきた気がします。若い頃と違い、続けないと再就職が厳しくなるとわかっています。何とか一歩、先に進みたいのですが。

（四十代女性）

「四苦八苦」を越えて

子どもの頃のつらい経験もあり、傷つきやすい心を持って生きてこられたのですね。思うような職場を探して転々としてこられ、それを何度も繰り返すうちに不安が増大し、かといって生活のことも気になるし、というようなご事情でしょうか。

　対人関係の不安や恐怖感は、無理に頑張らず、あなたの心に寄り添ってくれるプロのカウンセラーなどに相談するのも一つの方法です。その上で提案してみます。

　生まれた苦しみ、老いる苦しみ、病の苦しみ、死ぬことの苦しみ、これが四苦。それに、愛する人といつかは別れる苦しみ、会いたくない人にも職場や地域で会わずに暮らすことはできない苦しみ、欲しいものが得られない苦しみ、肉体があるがゆえの苦しみ、この四苦と合わせて八苦。お釈迦さまは、この苦しみから逃げられる人はいない、つまり、人生は思い通りにならない、とさとられたのです。

　頑張れば良くなる、という人もいます。でも、頑張ってもうまくいかないこともあります。

　一年のうち三百六十四日はつらくても、生きていれば、胸が震えるようなすてきな一日がきっと訪れます。そんなことを期待しながら暮らすことから始めてはいかがでしょうか。

　ありのままの自分を受け入れるのは難しいことですが、私からあなたへのプレゼント。

裏を見せ　表を見せて　散るもみじ

（大愚良寛）

長倉

相談 32

飲めない私は飲み会が苦痛

私はお酒が一滴も飲めません。飲めないので、会社の飲み会が苦痛でたまりません。断りたいのですが、同僚からの誘いは断り切れません。というのも、嫌われるのが怖いからです。断れずに仕方なく飲み会に行っても、全く楽しくなくて、ストレスがたまってしまいます。どうすれば、飲めない私でも、飲み会を楽しむことができるのでしょうか。職場で孤立するのも嫌です。真剣に悩んでいます。

（四十代女性）

お互いの気持ちを酌んで

お酒が好きな人からみたら、飲めない人の気持ちはなかなか理解してもらえないということでしょうね。断ったら、翌日になって前日の飲み会の話題で皆が盛り上がったりしても、仲間外れのような気分になってしまいそうですし。

もし自分が飲めないだけでなく、隣の方のお酒の匂いも嫌というのでしたら、もう我慢せずお誘いをお断りするしかありません。私の友人にそんな人がいまして、結婚式などのどうしようもない場合を除いて、断り続けたそうです。そのうち皆あきらめてくれたのですが、「ずいぶん時間がかかったよ」とこぼしていました。

一方で、別の友人も一滴も飲めないのですが、初めから飲めないというと角が立つので、

「誘ってくれてありがとう、お酒は飲めないけど、ちょうどから揚げとエイヒレを食べたい気分だったの、行こうよ」

と飲み屋さんにありそうな好きな食べ物を挙げてご一緒したそうです。そのうち、周囲が飲み会と言わずに、

「何か食べに行こうよ、お酒のある所だけどそれでいい？」

と気を使ってくれるようになって、気持ちが楽になったと話していました。

本当にお酒が好きな人同士なら、それは仲間で楽しみ、宴席での語らいが好きならそれを楽しむということが大切でしょう。この相談を読んでくださって、あなたの気持ちをわかる方が増えたらいいなと期待します。

相談
33

独身の理由を聞かれるのが嫌で……

もうすぐ五十歳。独身です。最近、初対面の男性に「結婚しているの」「どうして結婚しないの」と聞かれることが面倒に感じるようになりました。「縁がなくて」と受け流しますが、「何かあったの？」という無言の視線を感じます。私も若い頃、独身の四十代男性に対して「何で結婚していないのかな」と詮索していましたが……。結婚観や恋愛観を話していたらきりがありません。そもそもはっきりした理由なんてありません。どう答えたらいいのでしょうか。

（四十代女性）

「謎の女」を演じてみては

人はそれぞれ人生の物語を抱えて生きています。その中で語ることのできるものと、なかなか言葉にできないもの、したくないものがあります。それなのに、興味本位や詮索好きの問いにはほとほと困りますね。

悪意があるなら拒絶すればいいけれど、尋ねることが優しさと勘違いしている場合は、むげにするのも角が立ちます。何度も繰り返されると、煩わしくなるのも無理がありませんね。「とかくに人の世は住みにくい」という言葉もありましたっけ。

似たような問いに「どうして離婚したの？」があります。一言ではとても言えないし、おいそれと誰にでも話せることではありません。よしんば意を決して話しても、

「あらそうだったの、たいへんね、頑張ってね」

などと返ってくるのが関の山。

あなたに一つ提案します。「どうして独身なの？」と問われたら謎めいた笑みを浮かべて、

「そ・れ・は・ヒ・ミ・ツ」

とでも受け流してみてはいかが。相手にどう思われるかはわかりませんが、謎の女は魅力的ですよ。それに秘密ですから、相手もそれ以上しつこくはなれないでしょう。

五月晴れが終わると梅雨。雨に咲く紫陽花（あじさい）。時々刻々と変化していく美しさ、そして花びらのように見える一つ一つの花弁が、実は一つの花。それが集まって大きな花を形作るハーモニー。一人ひとり違いがあってこそその世の中と思い、私も詮索しない努力をします。

相談 34

職場を振り回す勝手な同僚

職場の男性に振り回されています。「頑張っています」のアピールはすごいのですが、資料作りとか目立たない地味な仕事はしたがりません。「心の病気だ」と言って休むこともしばしばです。上司は自信をつけさせようと、やりたいことをさせる方針ですが、ぎりぎりになって彼が仕事を丸投げするのではと、こちらはヒヤヒヤです。仕事の取り引き先との飲み会では一人でキレて帰ったりします。全員あ然、フォローもたいへんです。どうにかならないでしょうか。

（三十代女性）

無口な四国の若者を思い出します

十人十色、人には得手不得手があるから譲り合って、などと他人事なら能天気なことも言えます。いざ自分の職場で支障が出てくるとなると、そうも言ってはおられない。多くの同僚がそう感じているなら、愚痴で済まさず具体的な対策を練る必要があるでしょうね。

ミーティングで仕事の分担を明確にさせる、一つの業務が終わったら皆で過程と成果を反省する。個人攻撃ではなく、新人もベテランもいるのだから、どう支え合ったかを振り返れば次の展望も得られるでしょう（その程度のことはやっているよ、という声が聞こえてきそうですが……）。

阪神・淡路大震災の時、熱い志を持ったボランティアがいました。ただこの方は、被災者に弁当などを直接手渡す時ははりきるのですが、荷物下ろしや倉庫の整理などは一切無視。

一方、奈良の炭焼きの師匠に弟子入りするまでひと月あるから来た、という無口な四国の若者がいました。それくらいなら僕でもと、支援物資の整理に明け暮れたようです。被災者と直接関わることもありませんから、お礼を言われたりすることもなかったと思います。しかし、彼のように裏方で作業をしてくれる人もいないと、本当の支援はできないのです。

最後の日、「もう少し手伝いたいが時間がありません」とリュックサックを背負い避難所を後にしました。「ご苦労さん」と声をかけるとニコッと笑う顔に涙が浮かんでいました。私は彼の背中に手を合わせました。今でも炭を見ると、私は体だけではなく心も温かくなるのです。

長倉

相談 35

私生活に口出す同僚を諭すべき?

女性ばかりの職場で働いています。その中に一人、自分の考えを強く主張する人がいます。陰口を言うわけではないし、言ってしまったらそれで気が済むようだからと、皆聞き流してきました。ところが最近、仕事のことにとどまらず、メンバーの私生活のことまであれこれ言うようになりました。最年長の私が彼女のことを諭すべきでしょうか。それとも今まで通り、彼女を含めた輪を大事にするために、我慢して聞き流しておくべきでしょうか。

(六十代女性)

ご苦労ですが調整役に

職場で最年長のあなたが、何かと気苦労なさっている様子がうかがえます。ただ、このことは女性だけの職場特有の問題では決してないのでしょう。いろいろな性格の人が集まって職場なり地域なりを作っているのですから、そこには大なり小なり摩擦が起こることは予想できます。

傷つける気はないのでしょうが、物事をはっきり言わないと落ち着かない人、言葉にしなくてもわかり合えるはずだとあいまいにする人などいろいろです。どちらかの味方をするのではなく、自分の気持ちを抑えて、あなたがそれぞれの立場を説明して差しあげるという調整役に徹してくださるとよいのですが。

つまり、コーディネーターになるのです。たいへんなお役目ですが、職場の風通しがよくなるだけではなく、あなたへの信頼も増すと思いますよ。

これまでの私たちは、割と狭い世界のお付き合いで済んでいました。生まれも育ちもお互いある程度知っているので、黙っていても理解し合えると思って暮らしてきました。でも今は、良い意味でも悪い意味でも世界が広がりました。

都会育ち、地方育ちなど、地域の違う人とのお付き合い、異なる国の人々との交流など、文化の違いも考えなければならない時代です。そのためには、相手にどう語りかけるかだけではなく、それぞれの心に耳を傾ける態度も大切になってきます。

強く主張する彼女も、もっと自分のことをわかってほしいという思いがあるようにも感じられます。諭すよりも、聞くことができるあなたになることを期待していますよ。

相談
36

かまわないでほしいのに

事務職です。一人でいるのが好きなのに、周りがなかなかそうさせてくれません。例えば、社員食堂で一人で食事をしていると、目の前や横に座ってくる同僚や後輩がいます。嫌いな人たちではないのですが、のんびりと食事をしたいのです。会話は普通にできますが、聞く側に回ることが多く、食事を味わえません。どんどん一人志向が強くなってきました。妻は「閉じこもらず、もっと人と交わった方がいい」と言いますが、やはり苦手です。このままではダメでしょうか。

（四十代男性）

孤独も社交も人生修行

春は別れと新たな出会いの季節ですね。これから就職する若者たちも、希望や不安を抱えていることでしょう。その中には仕事の内容だけではなく、どんな同僚たちがいるのだろうという不安もあると思います。

職場で先輩のあなたは、新人たちにどんな声かけや態度をお示しになりますか。

あなたと同じように人と交わることが苦手な若者もいることでしょう。こういう方は芸術家とか職人さんというような、一人でこつこつやる仕事が向いているのでしょう。

一方で、孤独が苦手な人もいます。そんな方は、外交や営業などの社交性が求められる仕事が合っていそうです。

でも、性格と仕事がマッチしている方は、私の周囲を見ても限られています。皆それぞれに折り合いをつけながら生活しているのでしょうね。

人は、好き嫌いと得意不得意のはざまで生きているのだと思います。一人が好きなあなたは、人と交わることが人生修行。その反対の方は孤独に耐えることが人生修行なのです。

私などは、孤独になり過ぎるとたまらなく人恋しくなるし、あまりにお付き合いの時間が増えると一人になりたくなります。自分に厳しくなれない、いい加減な人間だなといつも反省しています。

奥さまには、「おうちと君が好きなんだよ」とでも話しますか？

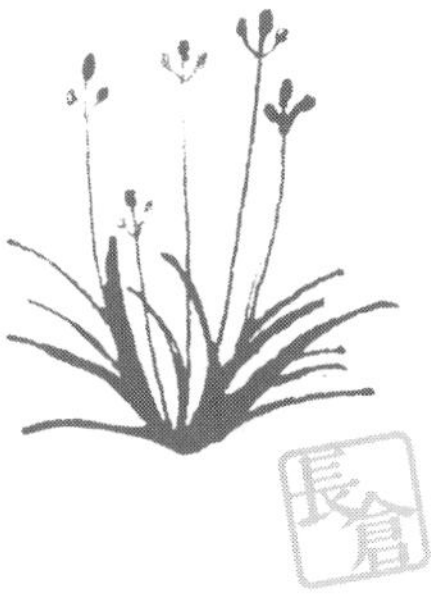

相談
37

裏表激しい上司とどう付き合えば

私の上司は営業成績は良いのですが、裏表が激しい人です。上の人間には自分をアピールして「仕事熱心で優秀な人」と印象づけようとします。しかし、自分より上の人間がいないと態度が変わり、わがまま放題です。気分次第で、人前でダメ出しすることもあります。部下には意地悪をしたり、自分のミスを他人のせいにしたり。それが原因で会社を辞めた人もいます。「こんな人がいるのか」とあきれることもしばしば。このような人には、どのように対処すればいいのでしょうか。（四十代女性）

相手との「間」を大切に

「うちの職場にもこんな上司いるよな」と思う人は少なからずいるでしょうね。

営業成績も良くて、部下にも人当たりの良い人なら言うことなし。でも反対に、人柄はいいけど仕事は部下任せというのも困ったものです。理想の上司に出会う機会は少ないようです。

自分の立場をかさに着て部下をいじめるのなら、それはパワハラです。人権の問題として、対策を取る必要があることは言うまでもありません。そこまでのことではなくても、あなたとの対人関係の問題として考えなければならないのなら、少し提案してみます。

人に「間」を付けて「人間」といいます。「間」という言葉は、人と人との関係を表すものです。「間が悪かった」などというように、相手との距離やタイミングも指します。

思い切り近づいて、初めて信頼が生まれることもあれば、距離を置いた方がうまくいく場合もあります。マニュアルはありませんが、心地よい距離を発見できるよう、心がけてみてはいかがでしょうか。

言葉を交わすタイミングも大切です。ずれると、それこそ「間抜け」になってしまいそうです。正論をぶつけ合ってもけんかになります。

かくいう私も三十代半ばまで、ささやかな中間管理職の経験があり、当時の同僚は私をどのように見ていただろう、と思うことがあります。

あなたこそ、この経験を生かしてすてきな上司になってください。

相談 38

機関銃トークの同僚にうんざり

通勤時間が同じで、よく駅で会う同僚がいます。部署が違い仕事ぶりは知らないのですが、とにかく機関銃のようにしゃべる女性で、同じ電車に乗ると、ずっと相づちを打ち続けなければなりません。明るい話題ならまだしも、だいたいは仕事の愚痴とうんちく。特に仕事帰りはホッとしたいのに、気が休まりません。どう対処すべきでしょうか。

（四十代女性）

耐えるか断るか……覚悟の問題

困った同僚さんですね。ひょっとしたら、あなたをストレス解消の道具にしているのかもしれません。気分のいい時ならともかく、そうじゃない時は迷惑な話です。

「人生修行として耐える訓練」と思う方法もあります。でも、あなたは我慢の限界に来ていらっしゃるのでしょうね。

「今日はお話しする気分じゃありません」ときっぱり伝えるのが手っ取り早いですが、同僚なので、人間関係を壊さずにすむ対処法を考えたいのですよね……ごめんなさい、なかなか思いつきません。

私も似たような経験があり、本を読んでいるふり、考え事をしているふり、眠ったふりなどいろいろ試してみましたが、うまくいきませんでした。

「何読んでるの？」
「何考えてるの？」
「疲れてるの？」

などなど、かえって火に油を注ぐ結果になってしまったのです。

結局逃げられないのなら、たとえ気分を害されてもいいと、はっきり言うことにしました。その結果、おとなしくなった方もいます。一方で「愛想のない人」と言いふらされることもあります。いずれにせよ、覚悟が必要ですね。

実は今回、私が加害者になっていたことはないかと自戒しました。本性がおしゃべりで話し好きなので、これまで誰かに迷惑をかけなかったかと反省しながらの回答です。

長倉

相談 39

近所のお年寄りを放っておけない

家の近所に一人暮らしのおばあちゃんが住んでいます。高齢なのに家事も自分でされています。さすがに買い物はたいへんそうだったので、スーパーに行ってあげたりしていました。お礼にお菓子などをいただいていたのですが、ある日、お金を渡されたので驚いてお返ししました。家族からは「近くに息子さん夫婦もいるのだし、あまりおせっかいを焼かない方がいい」と言われました。それでもやはり気になります。どのように関わっていけばいいのでしょう？

（六十代女性）

互いに学び合い、対等な関係に

親切か、おせっかいか。微妙な問題ですね。

これからますます高齢化は進みます。お互いが助け合うことは、とても大切なことです。あなたがなさったことは、親切心からだと思います。一方でそうとは受け取らず、親切を負担に感じる方もいらっしゃるでしょう。

お金は素直なお礼の気持ちでくださったのかもしれません。返すにしても返さないにしても、そこに思いが隠れているから難しいのです。ここで大切なことは、おばあちゃんとあなたの関係なのです。世話する側と、世話される側の関係が一方的だと、やはり気後れしそうです。

お年寄りは「生きる」ということを教えてくれる存在です。年を取ると足腰は弱りますが、豊富な人生経験は、若者の及ぶところではありません。私は、お寺に来てくださるお年寄りから多くのことを学んでいます。

「私にできることがあったら、何でも言ってください。その代わり、私にもいろいろ教えてくださいね」

と、声をかけてみてはいかがでしょう。対等な関係になれますよ。つまり、よきお友だちになることです。

息子さん夫婦にも、

「おばあちゃんにたくさん教えてもらっています」

と話してみてはどうでしょう。

これから迎える超高齢化社会では、お互いに学び合い、助け合う関係が重要になってくると思います。

相談40

なぜ人の家に猫を捨てるのか

今、母が入院しているため実家が空き家になっていて、そこに猫を捨てていく人が後を絶ちません。同じ敷地に住む妹は、その猫を保護して四ひき飼っていますが、これ以上は経済的にも無理だと困っています。私自身も、ボランティア団体から一匹引き取り育てています。虐待を受けていたようでなかなか懐きませんが、頑張っています。猫を捨てた人も困っていたのでしょうが、自分の不都合を押しつける身勝手さに腹が立ちます。

（七十代女性）

捨てる人を反面教師に

あなたも妹さんも、動物愛護のお心から、精いっぱいお世話されているのでしょう。まず敬意を表します。だからこそ、身勝手な方に困っていらっしゃるのですね。

もう既になさっているかもしれませんが、具体的な対策としては、張り紙をしたり、防犯カメラの設置などが考えられます。ただ、どれほど効果があるかはわかりませんね。

確かに、捨てる側にもそれなりの理由があり、あなたのところなら育ててくれると勝手に思い込んでいるのかもしれません。でも、自分の都合優先では他が迷惑します。

今までかわいがっていても、引っ越しなどで飼えなくなって捨てる人も多いと聞きます。拾った子猫を家に連れ帰ったら「捨ててきなさい」と叱られ、泣いている女の子に出会ったこともあります。また、病気の患者さんが、家族同然のペットを病院に連れてきてもらったことで、生きる気力を回復できたということもあるそうです。人間と動物との関係は、本当に複雑ですね。ひとつ言えるのは、生き物とともに暮らすには、責任を伴うということです。

ところで、あなたのご相談をいただいてから、私自身が、自分の都合を誰かに押しつけたことはなかったかと、あらためて考えました。猫を捨てたことはありませんが、多くの方にお世話になったり、迷惑をかけたりしなければ生きてこられなかったし、これからもきっとそうでしょう。

上手な対策は申しあげられませんが、捨てる人を反面教師にしてみてはいかがでしょうか。

長倉

相談
41

越境した庭木を切ってほしい

わが家のガレージに隣家の庭木が入り込み、頭を抱えています。察してもらいたい一心で隣家の奥さまに切ってもいいかと尋ねると、「すごいですよね？　お願いしま～す」との対応。その後もさらに勢いよく伸びています。敷地内の管理はともかく、隣家に入り込ませないのは最低限のことだと思います。ほったらかしでは庭木もかわいそう。「切ってください」とはっきり言えばよかったのか……。でも年配の方で目上だし……、と怒りや後悔、モヤモヤが増すばかりです。

（三十代女性）

法的備えと優しい心を

ご相談をいただいて、遠い昔の学生時代の法学の講義を思い出しました。自分の敷地に入り込んだ隣家の樹木を切ってしまい、トラブルになったというものです。その時の先生の答えは意外なものでした。

今回、いい加減なお答えはできないと考え、知り合いの弁護士さんに相談すると、やはり先生と同じ答えが返ってきました。結論から言うと、いくら迷惑をこうむっていても、あなたが勝手に切ることはできないようです。しかし、切るように請求すること、切る許可をもらうことは可能です。

その際、現状の写真を撮り、口頭ではなく文書や録音で証拠を残しておきます。面倒なようですが、「言った言わない」とならないために必要だという助言でした。これからも仲良く近所付き合いをするためだと丁重にお話しして、解決の道を探ってみましょう。法律上のお答えは以上です。

あと一つ、あなたのストレスをどうしましょうか。敷地の管理についての考えには、私も同意しますが、お隣とけんかするわけにもいきませんね。

あなたもおわかりのように、お隣の庭木も、迷惑をかけようとして育ってきたのではないのです。仏教では、すべてのものに命があると考えます。決して切るなというのではありませんよ。私もあなたの立場なら切ってしまうでしょう。

余計なお節介かもしれませんが、庭木へ向けたあなたの優しい心を、これからも持ち続けてくださいね。

長倉

相談42

いつも私に幹事役を任せる友人たち

友人たちと食事に行こうと計画した際、友人たちは、「行こう、行こう」とは言うのですが、誰も幹事役をしてくれず、動いてもくれません。私も行きたいと思うので、結局は毎回自分が計画して、幹事役まで引き受けることになってしまいます。皆、私任せにして、連絡を待っているだけなんです。一人一人、連絡を取ったり、とても面倒なんです。できれば幹事役は、毎回はやりたくないのですが、どうしたらいいでしょうか。

（四十代女性）

幹事役も布施という人生修行

一言で言うと、貧乏くじを引いていると嘆いていらっしゃるのでしょうか。私も少し身に覚えがあって、家人に時折愚痴をこぼすと、「引き受けなければいいじゃない」という言葉が返ってきます。一方で、仲間に損な役回りをしていただいていることもあって、申し訳なく思うこともしばしばです。

「今度は誰か代わってよ」と言うのもよし。そうできないなら、人にはそれぞれ得手不得手があって、きっと感謝している人もいると自分を慰めてもよし、仏さまはいつも見ていてくださると考えてもいいでしょう。

仏教に布施（ふせ）という言葉があります。一般にはお坊さんに渡すお金のことと誤解されていますが、本来はわが身や心を痛めて他の方に安らぎや喜びを与えるなどの、さとりを開くための修行の一つでした。

例えば、食事を提供する場合、ごちそうになった方がお礼をいうのが常識でしょう。ところが仏教では、差しあげた方がお礼をいうのです。あなたが食べてくださったおかげで、私の修行になったと考えます。修行ですから、楽ではありません。

大げさかもしれませんが、食事会の幹事役を通して、自分の人生の問題として振り返ってみてはいかがでしょう。

相談
43

ママ友のＳＮＳをうらやむ自分が嫌

子ども二人を育てながら共働きの生活で、せわしない日々を送っています。専業主婦のママ友がＳＮＳ（会員制交流サイト）でおしゃれなランチやカフェの写真、手の込んだ料理などを紹介していると、うらやましくなります。ママ友もいろいろな苦労をしていることは知っているのに、キラキラした世界につい目を奪われます。今の仕事も好きで、この生活もすべて自分で選んだものです。だからこそ人と比べている自分が嫌です。

（三十代女性）

今はすてきな夢の道半ば

あなたに共感する人も多いでしょうね。ご友人のSNSだけではなく、テレビなどでも独身・既婚、また専業・兼業問わず、おしゃれな女性たちの生態が紹介されますから、うらやましくなるように社会が仕組んでいるようにさえ思えます。

　私自身はというと、あなたの年頃には昼間大学に通いながら、夜は仕事をして家族を養っていました。夕方に居酒屋で一杯やっている人々を、うらやましく思ったものです。寺の住職になってからも休みはなし。何が起こるかわかりませんから、「明日は休み」という週末気分を味わうことはありません。夫婦・家族そろっての旅行など、もちろん考えたこともありません、というのは私の愚痴でした。

　だからこそ、仕事も生活も「自分で選んだ」ときっぱり話すあなたを尊敬します。ただひとつだけ、人と比べる自分が嫌だということには同意しません。だって、楽しいものは誰にとっても楽しいのですから。うらやむ自分を許してあげましょうよ。

　そのうえで一言。私にもささやかな夢があります。そんな夢を実現するには

「九十九％の努力（忍耐といってもよい）と一％の運」

とも言います。

　自分のことでも家族のことでも、ほかの何でも良し。今はすてきな夢の道半ばにいると考えてみたらいかがでしょう。

相談 44

ひどい夫と結婚した友人の人生が心配

同世代の友人女性は、十数年の結婚生活のほとんどを別居しています。彼女の夫は結婚前からモラハラ的言動が多い上、経済力もないのに、彼女が外で働くことを許さず、生活は実家に頼っている状態。友人も何度も離婚すると言っていますが、その気配はありません。大切な友人がだめな男に縛られたまま、年を取っていくと思うとやりきれません。彼女の人生なので、おせっかいなのかもしれませんが……。

（四十代女性）

支えてあげるのが友の役目

ご相談をいただいて、こんな言葉を思い出しました。「どうしてあんな人と一緒になったの」「あんないい人とどうして別れたの」。この両方とも、当の本人以外が答えるのは本当に難しいでしょう。周りがある程度は想像できても、本人でなければわからないところがあります。ひょっとしたら、ご友人自身もわかっていないのかも知れません。さとったような言い方を許していただくなら、生きるということは、それほど困難にあふれているのだと思います。

別れた方が幸せだという考えもあるでしょう。でも決めるのは、やはり本人でなければなりません。あなたが彼女の人生を代わりに歩むことはできないのですから。

ただ一つの救いは、あなたが身近にいてくださることです。愚痴を聞き、助言し、本気で心配し、ともに泣き、ともに笑ってくれる人がいることが、一番の幸せでしょう。それが彼女の生きる力の一つになっているのだと思います。

私は仏教から、人生は思ったようにならないことも多いと学んでいます。それでもこうして生きてこられたのは、心温かい周囲の人がいたからです。あなたは、これからも友人として見守るしかないでしょうね。「いつでも話しにおいで」という気持ちをどうか忘れないでください。

最後に私からのお願いです。彼女の選んだ道があまり幸せでないように見えたとしても、「私の言うとおりにしておけば良かったのに」とは言わないでくださいね。その時こそ支えるのが、あなたの役目ですから。

相談 45

デイサービスでいじめに遭う

ずっと楽しく通っていたデイサービスで、いじめに遭うようになりました。最初は一人だけだったのですが、徐々にひどくなり、手押し車をわざとぶつけてきたり、押し飛ばされたりします。「邪魔だ」と言われたりしました。しまいには職員からも無視されているように思えてきました。夫や娘にも相談しましたが「我慢しなさい」と言われ、別の施設に移りました。仲のいい友達もいたので、移りたくなかったのですが……。どう対応すべきだったのでしょうか。

（八十代女性）

人を憎むと、自分を傷つける

若い方で、職場や地域の人間関係で悩んでいるというご相談はままありますが、お年を召されてこのような思いをなさるのはおつらいでしょう。

不謹慎ですが、夏目漱石の『草枕』の冒頭を思い出してしまいました。この世は角が立ったり、窮屈だったり、「とかくに人の世は住みにくい」。悔しさを晴らす術もなしといったところでしょうか。

私は僧侶なので、困った時はお釈迦さまに相談します。四苦八苦の一つに「怨憎会苦」というものがあります。会いたくない人にも会わなければならない苦しみのことです。そして、「生きている限り誰も逃れることはできない」と教えてくれます。だから忍辱（耐えるということ）すると、誰も傷つくことがないというのです。

憎むということは、自分を傷つけることにもなります。人を怨んでいる時の自分の顔を想像してみると、よくわかります。決して美しい姿ではありませんね。怨みをさらりと流して笑顔を浮かべるあなたのことが、ご主人も娘さんもきっと大好きですよ。

とは言いながら、私も怒りやねたみをいっぱい抱えています。だから、夜寝る前に

「仏さま、あなたからは私の姿はどう見えますか。こんな私でごめんなさい」

と手を合わせます。すると、

「だから放っとけないんだよ」

とほほ笑みを浮かべてくださるのです。

長倉

相談 46

余命いくばくもない知人らと何を語れば？

毎年のように、数人の親戚や知人が病に伏せることも多い年頃になりました。余命いくばくもないという知らせを受け、できるだけお見舞いに行くよう、心がけています。多くの場合、恐らく二度と会えないことを双方がわかっています。

最後のお別れの言葉を言いたいのですが、どんな言葉をかければ良いのでしょう。いつも両手で相手の手を握り、しばらく無言でじっと目を見つめているだけなのです。

（八十代男性）

「いつか私も」の覚悟で、聞き役に

お見舞いに行き、温もりを伝えるために手を握り、見つめ合っているご様子、おつらいですね。でも、安っぽい励ましなどしない謙虚な姿勢は、きっと何よりもうれしいお見舞いになっていることでしょう。言葉かけについてのお尋ねですが、私のささやかな経験からすると、誰にでも通用する言葉はないようです。一人一人、性格も置かれている状況も違いますから。

今回はかける言葉ではなく、基本的な態度についてお話しします。

ベッドサイドで、私は聞くことに徹します。相手が話したくなるのを待つのです。その際、とてもつらい話になることもあります。そんな時、昔の私は逃げ出したくなっていました。

でも、今は少し違います。人は誰にでもつらい訴えはしません。話す相手に、こんな私を選んでくださったのです。「話してくれてありがとう」と答えています。自分の気持ちをわかってもらえると、心は少し楽になるようです。

私も僧侶ですので、ついお説教をしたくなるのですが、相手の人生の物語をうなずきながら聞き続けます。うれしかったこと、悲しかったことなど、その一つ一つが無駄でなかったと感じ取れたら、ほほ笑みが生まれます。そして、たくさんの人間がいる中で、不思議なご縁で巡り合えたと喜べたらすてきですね。

最後にもう一つ。相手は間もなく往く人ですが、こちらも少し遅れて往くのです。「また、向こうで会いましょう」をお忘れなく！

長倉

第3章 自分のこと

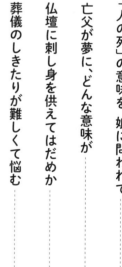

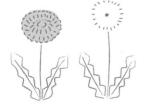

相談 47

敬老の心を持つ娘が涙した

電車通学の娘が泣きながら帰宅してきました。電車を降りようと立ち上がると、横に立っていた人に呼び止められて、「君は学校で年寄りに席を譲るよう習わなかったのか」と叱責（しっせき）されたとのことでした。「周りにはお年寄りはいなかったと思ったのだけれど」と混乱していました。小さい頃からお年寄りに席を積極的に譲ってきた娘は、自分の学校まで否定されたことで恥ずかしく悲しくなったようでした。何と言ってやればよかったのでしょうか。

（四十代女性）

傷つくことも勇気の一つ

敬老の心を大切にしてきたお嬢さん、思いもよらず叱られて、さぞつらかったことでしょう。人前ですからなおさらですね。これにめげずに、これからも困った人を助ける心を持ち続けてくださいね、としか言えません。

数年前のことですが、仕事が一段落して二日間ぐらい妻とのんびりしようと函館から札幌まで電車に乗りました。実はやっと取れた指定席で、他も満席でした。ほっとして座っていたら、

「どこか空いてる席はありませんか」

と大きな声が聞こえました。

目をやると、白い杖を手にした方でした。少したためらいましたが、妻とお互いにうなずいて

「ここに座りませんか」

と声をかけました。

「空いてますか？」

という言葉には直接答えず、「どうぞ」と言って私は席を立ちました。すると、ほほ笑む人もいる半面、「ここ指定席だろ」「いい格好しやがって」という小声が耳に入ってきました。いたたまれずデッキに向かいました。

三、四時間立つことになるかと思っていたら、同じ車輌にいた初老の男性が、

「次の駅で降りるから僕の席に座ればいいよ」

と声をかけてくれました。そしてその人は、降りる際に「ありがとな」というのです。何だかうれしく温かくなりました。

お嬢さん、人はこちらの思い通りに応えてくれないこともあります。自分が傷つくのも勇気なのかもしれませんよ。すてきな大人になることを期待しています。

相談
48

夏休みの宿題、やる気出ない

夏休みも半分すぎたのに、宿題はできていません。最初のほうはがんばったのですが、だんだんだるくなってきました。このままでは終わらないかもと心配になることもありますが、たぶんなんとかなる、とあとまわしにしてしまいます。

お母さんには「やるべきことをすませてから遊びなさい」と言われますが、わかっていてもなかなかやる気が出ません。こんな時はどうしたらいいですか。

（小四女子）

宿題は大人になるための練習

今年の夏休みは、なんとかなりましたか？少し心配しています。お母さんのおっしゃることは、君も十分わかっていますよね。それでもなかなかやる気が起こらない、困りましたね。

これから五年生、六年生、中学校、高校へと進みます。これからも休みのたびに宿題が出ます。「どうして宿題なんかあるのだろう」と、ぼくも子どもの頃は思っていましたが、ある先生に、

「夏休みの宿題は一学期に習ったこととの復習、そして二学期に新しいことを学ぶ準備」

だと教えていただきました。

大学生の頃、数学が苦手な中学二年生の家庭教師をしていました。なぜ苦手なのかをよく調べてみると、小学五年の算数の時点で思い違いをしていたので、そこから勉強をやり直すことにしました。中学生なのになぜ小学校の勉強をさせるのかと最初は怒っていたのですが、少し時間をかけて復習すると、間違わなくなりましたよ。

「勉強は積み重ねなんだね！」

彼の言葉です。

勉強だけでなく、スポーツもそう。大会や試合はたった一日ですが、そのために何年も練習します。大人のお仕事も同じ。大人は自分で計画を立ててやるしかありません。今の君は、大人になるための練習中なのです。

どうもえらそうな話になってしまいましたね。実を言うと、ぼくは今でもいろいろな締め切りに追われる毎日です（笑）。まだ練習中というわけです。

一緒にがんばろうよ！

長倉

相談 49

「子ども食堂」に違和感がぬぐえず

私は昭和生まれの田舎育ち、周囲にそれほど裕福な家はなく、助け合いながら生活していた世代です。親がどんなに忙しく貧しくとも、子どもの成長のために、食べ物だけはなんとか与えてきたものです。

昨今の「子ども食堂」に反対ではないのですが、「あそこで食べればいいや」と甘えが生まれ、親子のつながりがますます薄れるのではないかと心配です。いろいろな事情を抱える家庭があり、支援する方々は素晴らしいとは思いつつも、違和感がぬぐえません。

（五十代女性）

無縁社会に「つながり」を

「子ども食堂」に限らず、いろいろなボランティア活動をする方から、
「必要な人に必要なものが本当に届いているのか」
という声をしばしば耳にします。確かに、自分の努力を放棄して甘えてしまう親もいるかもしれませんね。

そこで、私自身はこんな風に考えることにしました。まず直接的には、たとえ十人のうち一人であったとしても、つらい思いをしている子どもさんにささやかな思いが届けばいいのではないか。つまり、行政の手もなかなか及ばないところへのセーフティーネットの役割です。

また、「つながり」という視点で考えると、支援する方と子どもの関係だけではなく、支援する方同士のつながり、そこに来る子ども同士のつながり、保護者同士のつながりを生み出すのではないかと期待しています。

「無縁社会」という言葉が話題になっています。あなたや私が育った時代に比べると、人間関係が薄れてしまっていることには、同意してくださるでしょう。「子ども食堂」も、新たなつながりをもたらす地域社会運動のひとつともいえるのではないでしょうか。

それに、温かい食事をしている子どもやその周りの人たちに笑顔が生まれ、その子たちが大人になって、今度は自分たちが子どもたちのお世話をすることを想像すると、楽しくなりませんか。

時代を超えてつながりのある世の中を期待しましょうよ。

相談
50

夢や経験もなく、就職活動に焦る私

就職活動中ですが、やりたいことが決まっていません。周囲には、すでに夢を持っている短大の同級生や、多くの経験を積んできた四大生がいて、正直焦っています。企業エントリーの始まる時期に一カ月間海外研修に参加するため、その間は海外で準備を進めることになります。

いろいろなことを考えすぎて、遠回りしている気がします。やりたいことを見つけるには、どうしたら良いのでしょうか。

（十代女性）

就職は結婚に似たり

　時節柄、新聞やテレビでも就職活動の情報を目にします。会社訪問の方法、先輩たちの助言なども紹介されているようです。それぞれの体験から出た言葉なので、それ以上付け加える良い考えはありません。決められないあなたは、逆に言うと多くの可能性の中にあるとも言えますよ。

　職を選ぶということには、二つの面があるように思います。一つはやりたいことを見つけること。もう一つは社会人として生活できるようになること、言い換えればお金を稼ぐことです。この二つが一致したら幸せですが、そうは問屋がおろしません。バランスを取りつつ考えることになりそうです。

　さらに、その仕事が本当に自分に合っているかは、働いてみないとわかりません。私が今と別の仕事をしていた若い頃、「三年は辞めるなよ」と先輩に言われました。職場のことや仕事の意味がわかるには、最低それくらい必要だというのです。

　結局、その仕事を辞めたのは三十三歳、すでに家族もいたのに、収入が半減したのには参りましたが、周囲の理解もあり、僧侶の仕事を選んで良かったと思えるようになったのは五十歳前後でしたよ。生涯一つのことを続けるも良し、途中で転換するも良し、くらいの余裕があっていいと思います。今は精いっぱい悩んで、勇気を持って飛び込んでみるしかありません。

　就職って、付き合って一緒に暮らしてみてやっとわかる、結婚のようなものかもしれませんね。

長倉

相談
51

安定した職業を求められて……

私は現在二十三歳です。地元の中小企業に就職して約一年で辞めました。理由は、親に「中小企業なんて将来不安定だ」と説得されたからです。戸惑いもありましたが、親子関係にヒビが入り、仕方なく辞めました。母親の希望は、私が銀行員や看護師、公務員など「安定した」職業に就くことです。母は女手一つで子ども三人を育てました。子どもには同じ苦労をしてほしくないと考えているようです。母の気持ちも痛いほどわかりますが、果たしてこれでよかったのでしょうか。（二十代女性）

最後に決めるのは自分自身

お母さまの意見も一概に無視はできませんね。悩みが深まるご相談です。安定した職業を選べということは、お母さまの人生のご苦労をふまえたご意見でしょうから一理あります。その助言に従って進むべき道を選択するのも良いかもしれません。しかし、それで全てがうまくいくとも限りません。だって、人生はどうしても予測不可能な部分もありますから。

だからといって、お母さまに逆らって選んだら、後になって「あの時言った通りにしておけば良かったのに」となることもありそうです。

私はあなたの三倍近く生きてきたのに、今できる助言は申し訳ありませんが「人生に後悔はつきもの」ということです。「あの時こうしておけば良かった」とか「こうすればもっとうまくいっていたかもしれない」と思うこともしばしばです。

数年前に還暦（かんれき）の同窓会がありました。楽な人生を歩んだ人ばかりではなかったようです。そのうちの一人が、

「何といっても自分で選んだ道だからなぁ」

とつぶやいた時、皆が大きくうなずきました。大切なことは「自分で選ぶこと」。先輩たちの助言は大切にした上で、最後は自分で決めて、人のせいにしないということです。

最近、大学や専門学校に社会人として入学する三十代、四十代が増えているそうです。後悔しながらも、新たな選択をした人たちでしょう。現役の学生より生き生きとしているように見えます。お母さまも生き生きしたあなたがきっと大好きですよ。

相談 52

ストック品がないと不安に

ストック品がないと落ち着かない性格です。ティッシュや洗剤、麦茶のパックなど、常に三つは買い置きがないとなんとなく不安です。妻には「置き場所もないのに」とあきれられ、買い物に行く時に「一つでいいからね」とクギを刺されることも。日持ちする物だからいくらあっても困らないし、災害時にも役立つと思うのですが……。ちなみに、物を買い替えても「何かに使えるかも」と古い物を捨てられません。

（三十代男性）

「断捨離」も人間修行

「断捨離（だんしゃり）」が話題になって以来、書店には関係する本がずらりと並んでいます。ということは、できない人が多いということでしょう。あなたもその一人、かくいう私もそうでした。「腐る物でもないし」というのも、他から見たら弁解に聞こえるでしょうね。

　ただ、私が心を入れ替えたのは、生涯独身を通した伯母が亡くなり、片付けをせざるを得なくなった時のことです。半日くらいですむと考えていましたが、結局丸二日もかかってしまいました。

　量の多さにあきれつつも、まだ使えそうな品が出てくると、捨てるかどうか迷うことの繰り返し。最後は疲れ果て、捨ててしまう方に気持ちが傾いていきました。物を持ちすぎると、残された身内がたいへんだと気付いたのです。以来、少し断捨離ができるようになりました。

　災害時のご心配ですが、遅くとも一週間くらいで救援物資が届きます。それに阪神・淡路大震災以降、互いに助け合うことの大切さも学びました。あなたが一人で抱え込まなくても良さそうです。奥さまと相談して、必要最小限にしましょうよ。

　仏教では、不安をなくすには、「執着（しゅうじゃく）（とらわれ）」を捨てることだと教えます。物だけではなく、正義にとらわれ、いのちにとらわれる人間の姿があります。そして焦ってしまう私たちがいます。毎日を心穏やかに過ごす修行と考えましょう。

　私も一緒に断捨離できるよう努力します。

長倉

相談53

介護と仕事を両立させたい

仕事と親の介護の両立で悩んでいます。八十歳に近い母と二人暮らし。母の年金と私の給料でぎりぎりの生活をしています。一年ほど前から、母の体力、知力が目に見えて弱ってきています。収入は激減しますが残業のない職場への異動を上司にお願いしましたが、だめでした。親を取り仕事を辞めるか（これは自分の将来がありません）、親を捨て仕事を続けるか（これは人間としてできるはずはありません）。親を介護しながら仕事を続ける方法はないか、必死な思いです。

（五十代女性）

二者択一ではない道を

親を取るか、自分の将来を取るか、という厳しい選択を迫られているという切実なご相談です。一億総活躍社会や地域包括支援などという言葉がメディアで躍っていますが、現実の介護に悩んでいるあなたにとっては絵空事に聞こえてくるのかもしれません。

先月、私も参加している「鹿児島緩和ケアネットワーク」で在宅ケアの研究会を開催し、滋賀県から講師を招きました。その方のお話によると、近江商人の発祥の地である滋賀県には「三方よし」という伝統があるそうです。売り手と買い手だけでなく世間も良くなって、商売が成り立つというのです。東近江市永源寺地区は高齢化率の高いところで、一人暮らしの方も多いのですが、介護する人、される人だけでなく、「三方よし」を応用し、行政、医療、福祉、地域の住民が、相互信頼を築き上げて支え合うというシステムがあるそうです。目からウロコという思いでした。

一人きりで頑張り続けるのではなく、介護サービスなどで世間に甘えてみる、つまり人さまの世話になることを、意に沿わなくても少し我慢。お母さまも、かわいい娘のためにできる範囲で少し我慢。少し元気なお年寄りが、お母さまの話し相手をするという我慢。遠慮はいりません。なぜなら、介護する人も、いつかされる人になりますから。

一人で悩まず、相談相手をお探しください。仕事か親の介護か、という二者択一だけではない道が見つかると思います。お互いに助け合いましょうよ。

相談
54

心ない言葉が本当につらい

私たち夫婦には子どもがいません。病院で治療を受けていましたが断念しました。夫は「二人で人生を楽しもうよ」と言ってくれ、その言葉だけが救いです。子どものことは考えないようにしていましたが、法事で親戚が集まった時、ある親戚から「子どもはまだなの？　もう四十歳でしょ。急ぎなさい」と言われました。私はその言葉を聞いて、泣き出してしまいました。本当は生みたい、でも生めない私、どうしたら吹っ切ることができるでしょうか？

（四十代女性）

穏やかさ、勇気、そして知恵を

心ない親戚の言葉、本当につらかったですね。私の周りにもお子さんのいない夫婦がいます。共通の趣味などで明るく暮らしてはいるように見えますが、「傷つくことも結構ある」と話します。一言で言うと、「余計なお世話が多い」とのこと。

ご主人もお付き合いの中で、事情を知らない方に「子どもさんは？」などと聞かれ、切ない思いをすることもあるでしょうに、あなたへの優しい言葉にホッとします。

身内の話で恐縮ですが、生涯独身で通した伯母がおりました。私たち夫婦が、子育ての苦労を話したことがあります。伯母は黙って聞いてくれていましたが、最後に一言、

「私も一度は、お母さんと呼ばれたかった」

と、ほほ笑みました。私たちはがく然としました。

子どもがいて楽しい方や苦労する方、独身の気楽さの一方で寂しさを味わう方……いろいろです。職業など自分である程度選べますが、人生には与えられた中で生きていくしかないこともあります。

以前、東京で亡き親友の息子の披露宴の祝辞で「ニーバーの祈り」を少しアレンジして、こう話しました。

「変えられないものを受け入れる心の穏やかさと変えられるものを変える勇気と、その両者を見極める知恵とが備わりますように」

若い二人にどんな未来が待っているかは、わかりません。でも力強く生きていってほしいという気持ちを込めています。

長倉

相談 55

定年後の挑戦、芽が出ない

昨年、定年後に勤めた再就職先を退職しました。これまではずっと仕事一筋でしたが、自分でも気付いていない能力があるのではと思い、さまざまな講座で学んでいます。

陶芸に切り絵、手話に加え、水墨画も習い始めましたが、なかなか芽が出ません。センスがないのかと、あきらめそうになります。上達しているのは長年続けている人たちです。今頃から挑戦しても、才能を開花させるのは難しいでしょうか。

（六十代男性）

趣味は人生を豊かにする道

仕事をリタイアされて、新たな人生を出発しているあなたに敬意を表します。いろいろなことにチャレンジする姿勢も、素晴らしいことだと思います。

さて、あなたは好奇心旺盛なご様子ですが、一方で飽きっぽいところもあるのでしょうか。あるいは自分に対して、結果を求めすぎてはいませんか。

確かに、定年まで頑張ってこられたお仕事は結果が求められ、それが給与や昇進に大きな影響を与えたことでしょう。ですが、現在あなたが挑戦なさっていることは、人生を精神的に豊かにするものだと思います。そこでは人さまの評価は関係ありません。結果ではなく、「どのように生きたか」と常に自分自身を問う姿勢が求められます。

柔道、華道、茶道など、道という言葉がついたものがありますね。仏教もプロセスからみれば、「仏道」ともいえます。自分の足で歩かなければ意味がないのです。

世間からは高僧と尊敬されている人がいます。十二歳から仏門に入られて、八十代になった今も「修行中だ」と厳しく話されます。一方で、「出発点に立った時、すでに開花しているのだ」とも話し、笑顔で励ましてくれます。

ちょっとあちこちに手を出し過ぎている感もありますが、すでに豊かな道を歩み始めている自分のすてきさを認めてみませんか。

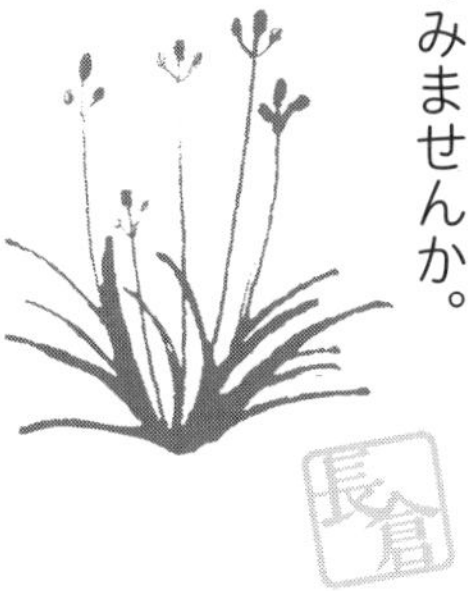

相談56

定年した後の生活設計なし

優柔不断に生きてきた報いでしょうか。定年まであと数年となってじたばたしています。定年後の人生設計がうまく描けないでいるのです。今の会社で六十五歳まで働くという選択肢はありますが、ぜいたくをしなければ生活できるので、妻は「働く以外のことを考えてみては」と言ってくれます。ただ、特に趣味もありません。ボランティア活動には興味がありますが、集団での活動は苦手です。定年後のことは早くから考えろと周りから助言があったのに、情けない話です。

（五十代男性）

新たな人生のために充電を

ご相談をいただいて、「濡れ落ち葉にはなりたくない」という不安かな（笑）と思いました。数年前に私も還暦を迎え、記念の同窓会がありました。自営業などで定年のない人生を送っている者、用意周到に準備していた者、ちょっと休もうと考えている者、それぞれです。

あなたの場合は、うれしいことに理解のある奥さまが傍らにいらっしゃいますね。仕事に励み、家族のためにも生きてきたあなたへの感謝の思いが伝わってきます。

ひょっとしたら奥さまも、会社員の妻から卒業の時を迎えているのかもしれません。まずはお二人で、これまでの人生、今後のことをゆっくり話し合うことをお勧めします。

定年後は時間的制約も少なくなるでしょう。同じことでもよし、それぞれ違った趣味でもよし、お互いを尊重し、楽しく報告し合い、生き生きと過ごすことで、ますます愛情も深まるでしょう。

そのためには焦らず、定年後に充電期間をつくるのも一つの方法かと思います。本当にやりたいことを発見するには少し時間がかかります。何でもよいですから、下調べした上で、足を運んであちこちのぞいてみてはいかがですか。

今、あなたには、この世に生まれてきた意味、生きていることの意味という人生を深く味わうチャンスが訪れています。人は最期の日まで成長できるといいます。

どうか、ご自分を大切になさってください。

長倉

相談 57

何だかわからない不安に襲われる

二番目の子どもの進学が決まりました。これで子育てもようやく終わりかと思うとほっとする半面、寂しい思いがよぎります。加えて、五十歳を過ぎてから、何とも言えない不安に襲われることがあります。それが何なのか自分でもよくわからないのです。近いうちに直面する老後の生活への不安なのか、健康なのか……。ただ、もやもやとこみ上げてくる不安。仕事が休みの日にボーッとしていると、涙が出てきそうになることがあります。そんな年齢なのでしょうか。

（五十代女性）

本来の自分を見つめるチャンス

「何とも言えない不安」の正体はいったい何でしょうね。

あなたは、この世に誕生してからしばらくは子どもとして過ごし、親元から巣立ち、自分が親となり、母親としての役割を果たし、社会人として過ごしてこられました。

人は、いろいろな関係を結んで生きている存在です。つながりとか絆とか縁と言ってもいいでしょう。このことは、時折煩わしさを感じることがあったとしても、私たちの人生を豊かにしてくれるものでもあります。

一方で、人生という道は自分の足で歩いて行くしかありません。誰も代わってはくれないという孤独な面もあります。

お子さんの巣立ちを迎え、あなたは本来の自分を見つめるチャンスが訪れているように思います。

非常勤で教えている関西の大学に、定年退職後あらためて入学した、私より年上の三人の学生がいます。「記憶力が鈍った」とかぼやいていますが、若い学生よりもずっと生きいきして人気者です。聞くと、五十代でいろいろ考え抜いた末の人生の再出発だったようです。

あなたも時間をかけて新たな人生設計を考えてみてはいかがでしょうか。これからお子さんの結婚や孫の誕生もあるかもしれませんし、また忙しくなりそうですよ。

若者たちが憧れるかっこいいおばあちゃんを目指すのもすてきなことではありませんか。

相談 58

孤独を感じて、たまらない

人間不信の上、自分自身の生きている意味も、自分の考え方も怖くてたまりません。急に人が私を避けたりすることがあります。人に避けられるのは、私自身に何かあるからでしょうか。その理由も受け止められるほど強くはありません。ただ、孤独を感じる日々です。どうにかなりそうでたまりません。父たちの元へ旅立ちたいです。一日一日が、いっぱいいっぱいです。胸が張り裂けそうな毎日です。相談というより、ただただ私の気持ちを聞いてもらいたいのです。

（年齢不詳女性）

孤独なあなたへ

ご相談をいただき、たった一人でいいから、あなたの周りに心から話し合える方がいたら、と思いました。きっと今まで努力されてきたのでしょうね。それでもなかなかそんな人が見つからず、つらい毎日をお過ごしなのでしょう。

「愛することの反対は、憎しみではなく無関心だ」

という言葉があります。憎しみはまだ相手があります。でも、誰にも自分の気持ちをわかってもらえない孤独ほどつらいものはないでしょう。

> この地球は涙の谷、悲しいことやつらいことでいっぱいだ。だから喜びはどこからか借りてこなければならぬ。どこから借りてくるかというと、笑うことだ。笑うことで喜びを借りてくることができる。

ある喜劇作者が、作品を書く気持ちを、詩人の言葉を借りて話したものです。この詩の題が「孤独」なのです。誰も訪れることもない部屋で、独りの女性が、涙を浮かべながら無理にでも笑おうとしている様子を想像します。

「独生（どくしょう）、独歩（どっぽ）、独去（どっきょ）、独来（どくらい）」

という仏教の言葉があります。人は一人で生まれ、一人で生きていかねばならないという意味です。誰も人生を代わってはくれません。だからこそ、小さなつながりを喜びたいのです。

もう少しだけ、踏み出してみませんか。あなたの周囲にあなたのことを大切に思う人は必ずいますよ。お顔は存じませんが、私もそんな一人でありたいと思っています。

長倉

相談
59

「人の死」の意味を、娘に問われて

中学一年生の娘がいます。先日、急に「人が死ぬと、どうなるんだろう」と聞いてきました。「今こうやって考えたり、感じたりしている自分はどうなるの？　消えてしまうの？」と、心の部分がどうなるのかが不思議で仕方ないようです。

子どもながらに死について考え、不安に感じているのかもしれません。きちんと答えてあげたいのですが、あまりに難しく十分に答えられません。親として、どのように話してあげればいいのでしょうか。

（四十代男性）

一緒に悩むことから始めましょう

お子さんの成長の証ですね。大人もふと考えることがあります。大げさにいうと、数千年前から人類が抱える課題であり、多くの哲学者や宗教家がこの問題に悩んできました。簡単に答えの出ることではありませんが、大人がしっかり向き合ってあげることが大切だと思います。

「死」について考えたきっかけは何だったのでしょうか。子どもは、人間より生のサイクルが短いペットの死を体験して考えることがあります。もう少し成長すると、祖父母や身近な人の死を通して考えるようになります。テレビや映画、文学作品が契機になったのかもしれません。

「どうして、そんなことを考えたの」と尋ねてみることから始めてみたらいかがでしょう。あなたも回答者ではなく、

「お父さんもよく考えるんだよね」

と、一緒に話し合うことが大切なのです。

古いラテン語に「メメント・モリ」という言葉があります。直訳すると「死を想(おも)え」です。「どうせいつかは死ぬなら、好き勝手に生きよう」と解釈した人もいました。一方で、多くの人が「だからこそ今を大切に生きよう」と考えました。

お釈迦さまやイエスさまも後者でした。死は誰にも、いつかは訪れます。だからこそ、親子であることや出遇(であ)えたことを喜べるのです。お嬢さまが大人になり、厳しい人生に立ち向かう時、あなたと話した記憶が力を与えてくれるでしょう。

長倉

相談
60

亡父が夢に、どんな意味が

昨年、一緒に暮らしていた父が、他界しました。最期は、話すこともできない状態の父でした。私は、ひとり旅立ってしまった父のことが、常に頭から離れずにいます。よく父の夢も見ます。時には怖い夢もあり、「あれは何だったの」と恐怖で眠れなくなることもあります。最近は、十四年前に他界した母も一緒に夢に出てくるんです。お墓参りにはなかなか行けませんが、仏前にはお花をあげ、手を合わせています。このような「夢」には、どういう意味があるのでしょうか？

（四十代女性）

思い出をなぞってみては

夢って不思議です。心理分析家でも脳科学者でもない私は、あなたの見る夢について語る資格はないのですが、いろいろと考えてしまいますね。

数年前に往生した私の母も、あなたのお父さまと同じように、時折私の夢に出てきます。私が幼かった頃の、まだうら若く苦労の多かった母の姿がほとんどです。懐かしくもありますが切なくもあり、何の親孝行もできなかったな、と申し訳ない気持ちにもなります。

実を言うと、私には一つ後悔があります。意識があるうちに「ありがとう」を言い損ねたことです。母は私に握手を求め、見送りの方に手を振って救急車に乗せられました。付き添いは年老いた父だけ。数時間後、帰らぬ人になりました。

僧侶として、「会者定離（会えば別れが必ずある）」などと偉そうにお説教している私が、わが身のこととなると、何も身についていないことを思い知らされました。

でも、母も私も仏教徒です。お浄土でまた会わせてもらえると思っています。その時、

「ありがとうと言えずにごめん」

と謝るつもりでいます。母が何というか、ちょっぴり楽しみです。叱られるかな？

一つ提案します。夢を見る度に、ご両親との思い出をなぞってみてはいかがですか。うれしかったことも、つらかったことも。

深い縁があって親子になれたのですから。

相談 61

仏壇に刺し身を供えてはだめか

私は仏壇のお供え物に、肉や魚は絶対だめだと父母から聞いて育ちました。その父も白寿を目前に亡くなりました。生前は毎晩の晩酌が楽しみで、つまみには刺し身を好んでいました。「おい（俺）も刺し身を食うぐらいは働いてきた」と言った父の言葉が、今も胸に焼き付いています。たまには父の好きだった刺し身を仏壇に供えようかとも思いますが、迷っています。また、刺し身を供えてこなかったことを悔やんでもいます。やはり、刺し身を供えるのは禁物でしょうか。

（八十代男性）

お気持ちはわかりますが……

お刺し身好きだったお父さまのことを、今も大切にしのんでいらっしゃるのですね。お気持ちはよく伝わってきます。また、それぞれの宗教によってもお供えの仕方の違いがありますから、悩むところです。

今回はお仏壇のことなので、仏教の立場から少し考えてみることにしましょう。なぜ肉や魚をお供えしないのかというと、少しでも「命を奪わない」という気持ちからです。食事の時に手を合わせて「いただきます」というのも、作ってくださった方への感謝と同時に、食材となってくれた生き物に対しての「あなたの命をいただきます、決して無駄にしません」という決意表明でもあるのです。他の命によって支えられている自分を反省する言葉だったのです。

「精進」ということも、本来は「努め励む」という意味で、人間としての完成を目指す仏道修行の一つでした。肉や魚を食べなければそれでよいというのではありません。だって、お米や野菜にも命はありますから。

あなたの相談に「悔やんでいる」という大切なひと言がありました。「人間には手遅れがあるぞ、悔いのないように生きていけ」と、お父さまが刺し身を通して教えてくれていると考えてはいかがでしょう。仏さまは、この世にいる私たちによりよく生きてほしいと願っているのです。

かくいう私もお刺し身は大好きなのですが、死後に供えてほしいとは思っていません。

長倉

相談 62

葬儀のしきたりが難しくて悩む

九十七歳の母親が亡くなりました。香典(こうでん)はどのくらい出すものかを葬儀社に問い合わせると、子どもは必要ないと言われ、兄弟とも話し合って、結局出しませんでした。地方や宗派によっても違うのかもしれません。こういった葬儀のしきたりは本当に難しいと感じます。これから年忌などもあるので、どのように臨むべきでしょうか。

（六十代女性）

本当に大切なことを考えて

まず、どうして「香典」というのか考えてみましょう。本来はお香や線香代という意味でした。法事などの際に、亡くなった方に捧げるだけではなく、参列者自身も厳粛な気持ちになるためのアイテムがお香でした。お寺には塗香（ずこう）という、儀式の時に身に着ける香もあるくらいです。

お参りするのにふさわしい上質なお香の持ち合わせがなかったので、代わりにお金を差し出します、という意味から始まったのが香典です（もちろん今では、お香よりお金の方がいただく側は助かる、というのが本音ですね）。

さて、ご相談の「喪主に対して子どもはどうするか」ですが、これは宗教的理由というより社会通念の問題のようです。知り合いの法律家は、葬儀やその後の法事、お墓の維持などにかかる費用は遺産から差し引き、残りを法律に従って相続すると教えてくれました。そうすると喪主以外の子どもは出す必要はないのかもしれません。相続する遺産がない場合は、子ども皆で負担するということになります。

お寺に暮らしておりますと、子どもや孫たちもそろってお参りにくるご家族を、ほほえましく思います。一方で、失礼ですがギスギスした方々も時には見受けられます。

縁あって身内となった方々が仲良くお付き合いすることこそが、仏さまとなった方の願いではないでしょうか。

話し合いを大切に、お孫さんたちにすてきな大人の姿を見せてください。

長倉

相談 63

墓を移したいが父やお寺は反対

わが家の墓地は、実家から車で二時間ほどの山奥にあり、先祖代々の墓が二十基ほど集まっています。崖沿いの狭い道を三十分ほど上らなければならず、先日の墓参りで五歳のわが子は怖がって泣いていました。一人娘の私が墓を継ぐので、ゆくゆくは場所を移したいのですが、父は反対します。お寺に相談しても、そのまま残した方がいいと言われます。墓参りをしやすくするいい方法はないものでしょうか。

（四十代女性）

「墓じまい」には心の整理から

最近「墓じまい」という言葉を聞くようになりました。「遠くてお墓参りがたいへん」「古いお墓が多くて管理しにくい」と困っている方も多くいます。実際の移転の手続きは、お墓の管理者、役所、石材店などが応じてくれますが、転勤で引っ越し先を探すのと同じようにはいきませんね。

　あなたの場合、まずはお父さまの気持ちを考えてみましょう。娘がお墓参りで苦労し悩んでいることは、きっとご承知です。でも心の整理が追いつかないのでしょう。お墓は幼い頃から通った思い出深い場所でもあるのです。

　すでに墓じまいしたある方から「故郷がなくなってしまったようでつらい」と聞いたことがあります。また、周囲の親戚のことも気にかけていらっしゃるかもしれません。縁が切れたように感じる方もいるようです。

「お墓が近くにあると、先に往った方々とずっと一緒にいるように思えるし、子どもや孫たちも先祖を身近に感じられるのではないか」と伝えてみたらいかがでしょう。ゆっくりと時間をかけて。

　私の友人が県外に引っ越す際、お墓を移すため、その土地の同じ宗派のお寺を紹介しました。同窓会などで帰ってくると、私の寺を訪ねてきて「父も母もお参りしたこの場所も、僕の故郷だよ」と言ってくれることに喜びを感じます。

　お墓とは、亡くなった方をしのぶだけではなく、多くのつながりを実感し、限られた自分のいのちを見つめる場所なのですよ。

長倉

相談 64

「死」という言葉が軽くなっている

「死」や「死にたい」という言葉が軽くなってしまったと感じるのは私だけでしょうか。神奈川県座間市の連続殺人事件でも、「死にたい」ではなく、「つらい」「悲しい」「話を聞いてほしい」など、別の言葉でSNS（会員制交流サイト）に書き込んでいれば、加害者につながる可能性はうんと低くなっただろうに……と残念です。特に若い人たちは、どういう感覚で「死にたい」という言葉を使っているのでしょうか。

（三十代女性）

いのちの重さを語り続けたい

私の親の世代は、戦争による死が身近にありました。また現代でも、大切な方を病気や災害により亡くした方など、つらくて悲しくて身を切られるような切なさを味わった方は、自ら死にたいなどという気持ちには、決してなれないでしょう。

それに比べて「死」が実感を伴わず、「死」という言葉が気楽に使われている風潮が確かにありますね。そこには死んだら楽になるという考えがあるようです。

終末期医療についての講義の中で「人は死んだらどうなるのだろう」と百人の看護学生に質問してみました。

すると、六割が「天国に行く」と答えました。「無になる」が一割、「生まれ変わる」が一割、「仏になる」が一割でした。ほかに「風になる」「地獄に行く」が一人ずつ。残りは「考えたくない」でした。この答えが若者全体を表しているとは言いませんが、死をそれほどつらいことと捉えてはいないようです。

いのちの問題を長い間考え続けてきた宗教に訊(たず)ねてみるのもいいでしょう。

キリスト教や仏教では、死後は天国や浄土に生まれると考えます。この世で過酷な人生を過ごしている人にとっては安らぎになります。一方であまりに人生をいい加減に生きている人にとっては、反省する意味で地獄が語られます。

両面があり、どちらもいのちの大切さを教えているのです。

長倉

相談
65

死にどう向き合えば？

死を考える年になりました。自分の体に病気があることがわかりましたが、苦しい思いは絶対にしたくありません。でも死を迎えるということは、何か治らない病気になるということでしょう。もし苦しまずに死ねるなら、認知症になってしまうのもいいのではないか。苦しさもわからなくなるのですから。でも、もう少し頑張ってみようとも思っています。今は笑いがあるからです。死を迎えるのは難しい。どう向き合っていけばいいのでしょうか。

（八十代女性）

最後は自分で決めるしか

　老いも若きも、この世に生まれた者が一度は迎えねばならないたいへんな、それでいて大切なご相談をいただきました。古来、多くの哲学者や宗教者たちも、死にどう向き合って生きていけばよいのか悩んだのです。

　このことの最大の問題は、経験として語れる人がどこにもいないということです。人生の悩みの多くは、それを乗り越えた方が自分の体験を通して話してくれることによって少し参考にはなります。しかし、一度死んだ人がこの世に戻ってきて話してくれることはなく、自分独りで向き合うしかありません。

　その上で、少し提案してみます。お寺などで、あなたの信頼できるさまざまな宗教家たちの話を聞いてみるのはいかがでしょう。自分の死から目をそらさない生き方です（ただし、そんなことはその日が来るまで考えないという人もいることも事実です）。

　先に逝った方々のことを思い、死別の悲しみを受け止め、いつか自分もその悲しみを他者に与えることになると思いながら生きることが大切なのではないでしょうか。

　最後にもう一つ、あなたの今の姿を若い人たちが見ています。いつか彼らもこの問題に直面する日が必ず訪れます。その時「おばあちゃん、苦しい中によく頑張ったよな」と思い出してほしくありませんか。

長倉

あとがき

大悲無倦常照我　大悲、倦きことなくしてつねにわれを照らしたまふといへり
（『浄土真宗聖典　註釈版』二〇七頁）
（阿弥陀仏の大いなる慈悲の光明は、わたしを見捨てることなく常に照らしていてくださる）
（親鸞聖人「正信偈」より）

新聞社から、人生相談の回答者に、という依頼を受けた時、自分自身のことさえままならないのに、他人様のことをとやかくいえる柄じゃない、とためらいがあった。しかし、複数の立場の違う回答者の一人で、しかも宗教家は私だけということで、興味が勝って引き受けることにした。悩みの相談であったとしても、大所高所から意見することはできないけれど、その方の心の氷が溶けてほほ笑みが浮かぶように、という願いをもって応えていこうと思ってきた。

僧侶と紹介してあるので、宗教についての相談が多いだろうと、最初は考えていた。ところが予想は大きく裏切られ、家族のことや身近な社会生活についての悩みが多く、その回答にはいつも頭を悩ませた。

回答していく際はまず第一に、悩みに大小はなく、その方にとってはどれも大切な相談だと考えて、できるだけ受けとめ寄り添いたい、と思った。次に、物事には多様な見方ができると伝えることに努めた。私の提案に従うのではなく、判断する時の選択肢になれば、という願い

をこめた。そして、苦しみや悩みは人を成長させるのだということを心にもって、力強く生きていくための糧となれば、と考えて回答してきた。結果がどうだったかは、読者の思いにゆだねることにしたい。

連載の途中には、九十歳を過ぎた方が亡くなられた後、遺品を整理していたら、鏡台の引き出しにていねいに切り取られた記事がしまわれていた、とご家族から知らされたことがあった。私よりもはるかに長い人生を過ごしてこられた方が、どんな思いで読んでくださっていたのだろうと、胸が熱くなった。

この本の発刊準備が進められている現在、新型コロナウィルスによる感染症への対策の困難さに、人びとは右往左往させられている。医療従事者は命がけで治療にあたり、市中はこれまでは当たり前だった生活が当たり前でなくなり、半月先の見通しも立たないほどに混乱をきたしている。

そんな中で、僧侶は何を発言し行動できるのか、考え続けている。

感染症のみならず、人類は幾多の困難を乗り越えてきた。そしてそのおかげで今、私もいのちをいただいている。だからこそ、悩みながらも生き抜く姿を子や孫に伝えるという役目があると思う。この困難を、お互いが支え合うことで乗り越えてゆく手だてとなってほしいと願っている。

末尾にはなったが、「人生相談」の連載を長年支えてくださっている南日本新聞社の皆さん、発刊の労をとってくださった本願寺出版社の職員、そして何よりも相談を寄せてくださった読者の方がたに、深い感謝をこめて。

合掌。

五月晴れの善福山房にて

〈著者紹介〉

ながくら　のりひろ
長倉 伯博

浄土真宗本願寺派布教使、鹿児島県善福寺住職
日本緩和医療学会会員、国立滋賀医科大学非常勤講師

地元鹿児島県で、医師や看護師とともに「鹿児島緩和ケア・ネットワーク」を立ち上げ、医療チームの一員として終末期の患者やその家族のケアに取り組むほか、全国の宗教団体や大学、医師会等で、終末期における宗教と医療の協働を呼びかける講演を行う。
2013年に仏教伝道協会 仏教伝道文化賞 沼田奨励賞を受賞。

〈著書〉
『ミトルヒト ―終末期の悲嘆に寄り添う一人の僧侶の軌跡―』『こころのお見舞い ―香―（共著）』『ほうわ・HOWA・法話 21　風が彩る心の一服』（本願寺出版社）

本書は、南日本新聞社発行「南日本新聞」（2014年3月28日～ 2019年8月25日）に掲載された「すいもあまいも」に加筆修正したものです。

雲の上はいつも晴れ
～お坊さんのあまから人生相談～

2020（令和 2）年 7 月 1 日　第 1 刷発行

著　者　長倉 伯博
発　行　本願寺出版社
〒600-8501　京都市下京区堀川通花屋町下ル（西本願寺）
電話 075-371-4171　FAX 075-341-7753
https://hongwanji-shuppan.com/
装丁・扉 本文デザイン　村田 沙奈（株式会社ワード）
印　刷　株式会社 図書印刷 同朋舎

BD02-SH1-①70-02　ISBN978-4-86696-016-6